告别的话由风转达

张秋寒 作品

江苏文艺出版社
JIANGSU LITERATURE AND ART PUBLISHING HOUSE

图书在版编目（CIP）数据

告别的话，由风转达 / 张秋寒著. — 南京：江苏文艺出版社，2014.3

ISBN 978-7-5399-7238-1

Ⅰ.①告… Ⅱ.①张… Ⅲ.①散文集–中国–当代②随笔–作品集–中国–当代 Ⅳ.①I267

中国版本图书馆CIP数据核字（2014）第038511号

书　　　名	告别的话，由风转达
作　　　者	张秋寒
出版监制	苗　洪
策划编辑	张　云
责任编辑	刘　佳
装帧设计	卓　徊
出版发行	凤凰出版传媒股份有限公司 江苏文艺出版社
出版社地址	南京市中央路165号，邮编：210009
出版社网址	www.jswenyi.com
经　　　销	凤凰出版传媒股份有限公司
印　　　刷	三河市中晟雅豪印务有限公司
开　　　本	810毫米×1120毫米　1/32
字　　　数	120千字
印　　　张	8.75
版　　　次	2014年6月第1版　2014年6月第1次印刷
标准书号	ISBN 978-7-5399-7238-1
定　　　价	28.00元

江苏文艺版图书凡印刷、装订错误可随时向承印厂调换

自序

旧时栏楯

书已经写完了很久，序才刚刚动笔。

这很像是在高朋满座的戏院里看连场，春花秋月，夏雷冬雪，悲欢离合，阴晴圆缺。最后大幕缓缓拉上，灯光渐渐暗淡，人声鼎沸也成了万籁俱寂，作为不舍得离场的观众，对眼前的空茫有一种难以摹状的无所适从。

最早读到《浮生六记》是在初中，在一个昏暗的旧书吧里。

因为拆迁，它即将停业。各式各样的书堆积在门口大清仓大甩卖。它被压在几本厚而花哨的婚恋杂志合订本的下面，定价只有几毛钱。封面虽旧，页边也有霉斑，但内里是干净整洁的，应该没有被太多的人翻阅过，像一个皎洁的赤子。

我就捧着它到角落里阅读，一直看到天黑。当时没有买，因为觉得它的本来面目应该不是我所读的那么简单，潜意识里感到自己对古文的翻译过于直白。

五年后，我在窗明几净的大书店里看到了新版《浮生六记》，算是故人重逢。重头读过又兼年岁增长，不由相信那个叫沈复的人就是想说一些简简单单的旧事，仅此而已。

在《浮生六记》的开篇，作者就说了，这书没什么技术含量，纯粹是一五一十的记录。我和他的方法一样，读一读，写一写，为古人的笔记写笔记，甚至有些部分因为难以叙述周全，只好引用他的原话，这也是学生稚气的行为。

无用是最美。

这个道理，我是这一两年才渐渐明白。像是青花之于瓷碗，蜡染之于布匹，落花之于庭院，流云之于天幕。

书写功能众多，可只有忘记功能，才是境界。而美，是这个境界的特征之一。这四部笔记里，在我看来，达到这个境界首屈一指是《秋灯琐忆》，所以我最喜欢它，就像喜欢着缄默的灯影。它是倚阑的美人，因风飞过蔷薇，所以抬头懒懒地看一眼，再又接着刺绣，丝线迂回地在白纨上缭绕。这书，就像是这样写成的。

《秋灯琐忆》的女主人公秋芙也叫人喜欢。紫湘的温柔、小宛的隐忍、芸娘的贤德，她兼而有之。林语堂先生赞她与芸娘是中国历史上最可爱的两个女人。

她们二位和而不同，虽都是闺阁里难得的人物，但芸娘更加传统，美亦横平竖直，一笔一划。秋芙和蔼卿的恩情中，却已有后世新式爱情的媚影初露端倪。他们的世界里，只见夫唱妇随，不见男尊女卑，留给我们的是一双并肩看花的背影。

两篇忆语谈不上喜欢，因为下笔的人野心勃勃地为自己造势，心又太过凉薄。可正因如此，倒有许多话可说，让人能有刻薄的机会。

红颜如红花，无论是被珍惜还是背弃，无论是凋谢，宛然老去，还是飘零，悠然故去，宿命的下场都是归于空寂。在韶华芳盛的年岁里，以戛然而止的美态终止余生凄楚的步履，未必不是她的一份夙愿。她在他回眸时远走，好让他记得，他欠她一低头的温柔，共白头的厮守，终于辜负了她今生最好的时候。

京剧《浮生六记》里唱道，前尘已梦断，今又执君手，身形多消瘦，奴本为君愁。又说，梦间人老矣凋了豆蔻，这世间并无有海市蜃楼。

显然，这人间万象都恍若朱阁红楼里的一场沉香梦，锦屏宛如春暖，鸳帐垂与眉低，因皆在梦里，就不足为奇。等到醒来时，眼见细雨间燕子飞去，旧窗台落花凄迷，方才想起，未磨的铜镜中早已流转过数不清的四季。

遥遥三生路，千里迢迢，太远，太不可及。握在手里的，唯有当下寸阴。有限的时光中去芜存菁，要考虑的问题也没有多少，始终与你我息息相关的，不过是爱恨生死。而它们之间亦环环相扣，互为表里。所以，一样明了，便也全部明了。

相见的岁月有早有晚，绽放的眷恋有浓有淡。无论是一生，还是一刻，爱过已是成全，爱过已经足够，爱过已可放下。至于，那些告别的话，就交由微风去转达。

张秋寒

二零一四年　春

目录

晚来雪

下弦月

穿堂风

三白与芸娘｜姑苏｜浮生六记

很多年以后，他想起了一个初夏，一场午后风。

风从南方水滨吹来，于是关于她的记忆仿佛也濡湿了一样。

翡翠臂钏 >>>

今时今日，恋物的人越来越多。

吸引目光的不是货架上琳琅满目新鲜上市的精品，而是过往时光里伴行良久不忍遗弃的旧物。这也许是内心缺乏安全感的表现。

我是这个族群中的一分子。

拿搬家来说，每一次收拾行李预赴新居之前都是最为难的时候。

黑茶杯，杯口大得像碗一样，内壁是杏黄色，外壁有一枝浮雕的花，拙朴天然但使用不便，携带起来更是啰嗦，犹豫了很多次，还是用报纸层层包好，把它带着。缎子靠背，盛夏里垫着特别湿热，但也要想方设法地塞到皮箱里去，防止到了新房间，躺在床上，会觉得后背空荡荡，像是站在悬崖边，没有退路。

可以试想，如果我是沈三白，大概会竭尽所能找到那个叫憨园的青楼女子，要回芸娘与她结拜时赠予她的翡翠臂钏。

对于这个后来被贵族权势拉拢过去的女人来说，一只臂钏，恐怕她一点都不稀罕，但对于三白来说，这其实算是一件灵物，芸娘的亡魂可以有所寄托。夜来西风，或许能在枕边熠熠闪光。更何况，温憨园可算是间接夺去芸娘性命的人，是半个杀人凶手，芸娘的遗物断断不能落在这样的女人手里。

我们这一代人知道三白，大多是从下面这篇叫做《童趣》的文言文开始。

余忆童稚时，能张目对日，明察秋毫，见藐小之物，必细察其纹理，故时有物外之趣。

夏蚊成雷，私拟作群鹤舞空。心之所向，则或千或百，果然鹤也；昂首观之，项为之强。又留蚊于素帐中，徐喷以烟，使之冲烟飞鸣，作青云白鹤观，果如鹤唳云端，为之怡然称快。

于土墙凹凸处，花台小草丛杂处，常蹲其身，使与台齐；定神细视，以丛草为林，以虫蚁为兽，以土砾凸者为丘，凹者为壑，神游其中，怡然自得。

一日，见二虫斗草间，观之，兴正浓，忽有庞然大物，拔山倒树而来，盖一癞虾蟆，舌一吐而二虫尽为所吞。余年幼，方出神，不觉呀然惊恐。神定，捉虾蟆，鞭数十，驱之别院。

看他，大约是跷着二郎腿，枕着双臂，在白色的纱帐里目光炯炯地凝视着纤足细细的蚊子，对着它们喷烟，把它们想象成是在云间飞舞的仙鹤。

就是这样一种清新的欢喜，有意趣，而无迂气。自娱自乐，如风如水，昭昭明明。

这样的心境，比今天的我们手执电蚊拍四处追赶，或是掩鼻忍受电蚊香片的窘态要高远得多了。而那一年的他还不过只是

“童稚时”。幼时的三白已经这样有情调，那么长成了少年，有了妻室之后就更不必说了。

初中时学的文言文有一个特点——简单了解一下作者的生平，不是被贬就是各种各样的官场失意，落第伤怀，因此写出来的文章不难想象，总带着一种壮志难酬，远路迢迢的慨叹，读来让人心烦意乱。所以读到这篇《童趣》，有了其他文章的反衬，立刻觉得耳目一新。看看注释，作者是姑苏人氏，姓沈名复，字三白，号梅逸。

沈复——像个现代人的名字，老学究一般端肃的面孔。梅逸——没有辨识度，一堆山野画家的名字都是此类。所以我喜欢叫他三白，念出声，觉得天朗朗，地阔阔，远山烟翠，皓月当空，有种庄严寂静的大气象，大清味。

更重要的是他说过，芸娘与“白”字有缘。

金约指 >>>

说起古时候，我在第一时间想起的朝代是汉唐，其次是魏晋。元明清原先是不喜的。

因为汉唐有华美诡谲的宫廷故事。女子们会笼高耸的发髻，簪花，点细小绛唇，穿阔袖的绸缎霓裳。汉有恢弘歌赋，唐有绚烂诗词。至于魏晋，那是一个复杂无序的年代，有种缭乱的美感，还有仙气。有抱朴子葛洪这样的人间半仙，有嵇康阮籍这样的山中高士为它撑着后世的门面。

元明清呢。元太莽撞，蒙古族的腥膻之气是赵孟頫的清朗画意也遮掩不住的。明清总觉得拘泥，规格很小似的，像是一大帮子人挤在小小的阁楼里说话，舒展不开。后来逐渐喜欢上，是为着这两个朝代离我们最近。长街短巷的故事里，那些形形色色的人物花枝招展，有我们最初的雏形。举手投足也好，嬉笑垂泪也好，他们，都像是带着我们的体味气息，是一簇飞上天又坠下地的烟火，最终的姿态还是亲民的。

三白与芸娘就在这样一个时代遇上了，不早不晚，不徐不疾，像是红尘紫陌上为彼此等候而放慢行路的脚步。

十三岁那年的夏天，初长成少年的三白随同母亲一起回她娘家探亲，邂逅了少女芸娘，也就是他舅父的女儿，他的表姐。在文字之中，他并没有提起与芸娘初相识的细节，只一词“两小无猜”一笔带过，却是一语胜千言。

多年前，我喜欢手写一些旧时候的故事，用削得很细的铅笔在乳白色的纸页上写下——在那个时代，爱情还是纯粹，简单和洁净的。没有缘由，不附带其他任何因素，爱上了就是爱上了。看一个人的眉目，觉得欢喜，愿多花时间为他驻足停留，就是如此。

想来三白与芸娘便是这样，在南方盛夏潮湿阴暗的木楼梯上一眼望到彼此，看君看卿像是赏花一般，漫不经心又遥递芳心。话无需出口，情意已经如花香一样流入鼻息。情窦初开，不甚解人意，可恰巧又因为这懵懂成就了最皎洁的年月。

一见钟情的力量是伟大的，三白紧接着就向母亲发誓：“这辈子，除了淑姊，我是不会娶别人的。”淑姊是他对芸娘的敬称，因为芸娘小字淑珍。

芸娘的温和柔顺沈夫人也非常喜欢，又是侄女，当即就褪下一枚金约指，作为定亲之礼。

这只定亲礼若在别处也许显得单薄，但因为是姊妹亲戚，芸娘家中又比较贫寒，所以还是有些分量的。

芸娘的父亲去世得早。她和母亲弟弟相依为命。老妇少子皆无力持家，因此都靠她承接绣活来维持生计。包括她弟弟上学的费用，也都是她纤纤十指一针一线绣出来的。就在这样匆忙的生涯里，她也没有忘记自学识字。白居易的《琵琶行》她是学说话时就能背全的，后来她在放书的竹簏里看到一本《琵琶行》，对照着才开始渐渐认得一些字。紧接着，又能在闲暇的时光里吟咏一些诗文。比如有一句咏菊的诗——秋侵人影瘦，霜染菊花肥。

大约是五言显得精炼柔韧的缘故，这一句显然超越了林黛玉一举夺魁的那一句——毫端蕴秀临霜写，口角噙香对月吟。相形之下，后者未免求于工整而显得匠气了。

都是敏感的人，都是真实的人。留恋彼此风姿清越，妙年洁白，但也不回避无形之中某种乌云一样的噩念——三白与之初见，就隐约觉得芸娘日后福薄。

可不是么，细数美而有才的女子，薄命便是上帝杜绝完美，让她磕碎一角的唯一途径。

粥 >>>

古时候的婚姻和现在相比可算天渊之别。幸运地能在婚前见个一两面，像是风月故事里说的那样，在花市灯如昼的元宵之夜偶遇，白衣翩翩的书生与罗带飘拂的小姐一见倾心，丫鬟催着走，便留下写有芳名的手帕，自此魂牵梦萦，相思相望，最后邀请媒妁，促成好合。

再比如，在皖南见过阁楼上开一面极小的窗子，当地人解释说，妙龄闺娘端坐阁楼窗下，与上门提亲的公子遥遥相望一眼，两心相喜，便择了良辰吉日，八抬大轿，笙鼓吹弹，迎进门去。

像是没有了恋爱的过程。

这样是好还是不好，无法评说。说不好，古人如此过了千年，相安无事，岁月静好，且今天也依然有启动“先结婚后恋爱”这种模式携手度过人生的男女。说好，又总觉得缺失了一段美好的过程，错过了陌上春风吹十里的风景，是个温柔的遗憾。

三白与芸娘走了折中的路线。虽然男需求学，女在深闺，但因是亲眷，便不乏一些相见的机会。衷肠有诉时。

比如他们俩成亲之前共同参加过一次别人的婚礼。

这是芸娘堂姐的婚礼，说起来也应该是三白的表姐。那一天，府上客似云来，绿鬓扰扰。大家都穿着出客的新衣，唯独芸娘，还是一身素净的家常旧衣，只有脚上一双精美的绣鞋是自己新制的。上下对照，如同辉映着冬日里的雪光，显得清洁工整，三白自然又在内心欣赏了自己未来的新娘一番——其形削肩长项，瘦不露骨，眉弯目秀，顾盼神飞，唯两齿微露，似非佳相。一种缠绵之态，令人之意也消。

三白夫妇都是非常率真坦诚的人，性格吻合方才长久。这里也可以看出来。虽然前面用了一连串华丽的形容词，但是紧接着也提到了芸娘的牙齿长得不够好看。大约是有点兔牙。换做今天，若某个女星龅牙，粉丝是一定要在她发了照片的微博下留言的："龅牙都龅得那么好看。"有一个反对，必群起攻之。

之前曾说到芸娘会写诗，三白就要她的诗来看。

芸娘低下头笑着说："也没有老师来指点，所以都是些半成品，要是能有知音把它填补修改完成就好了。"情话不直说，若说"你帮我改改吧"，便少了一种迂回兜转的意趣。这样半含半露，如同余音绕梁。

三白听罢开了个玩笑，在她的诗稿上题下了"锦囊佳句"四个字。

这里有个典故。

唐朝被誉为"诗鬼"的诗人李贺身材弱小，经常骑一头小马出门游玩。这马大约是"物似主人形"，也很瘦弱不堪。李贺骑着它走马观花看看风景，触景生情时会写下一些零散的句子，放置到随侍书童的锦囊里，晚上再翻出来整理成篇。李贺的母亲自然担心他这样片刻不停地疯狂创作会有伤身体，说：“我的儿，你难道要写到把心肝呕出来才算完吗。”果然，李贺短寿，年纪轻轻时就去世了。

当三白写这本属于他和芸娘的回忆录时，想到这里不免感慨，原来芸娘不能长寿的危机在这里已经有所显露了，在他一个无心的玩笑中浮现出来。或者，其实更早，在他们初见时三白就有了这个感觉——虽叹其才思隽秀，窃恐其福泽不深。

大约是心灵相通者在思绪纠缠的瞬间会生出柔软触角，抵达神远之境吧。

她的命运，他已遥遥悟出。

夜间送亲到城外，回来时已经三更了。三白肚子饿，找东西吃。女仆送来果脯，他嫌甜，芸娘就悄悄地牵了牵他的衣袖，使了个眼色，三白便与她同往闺中去。原来芸娘这里早早就预备下了夜宵，是他喜欢吃的热粥与小菜。三白很高兴，正要开吃，却听芸娘堂兄在外间喊她。芸娘立刻朗声喊道：“我很累了，准备休息。”说着就要关房门。她堂兄却硬挤了进来。一时，三人面面相觑。堂兄探明究竟后斜着眼睛调侃芸娘：“刚才问你要粥吃，你说吃完了。这又是什么？哦……原来是专门藏起来等着你家相公来吃的啊。”

大家哄堂大笑，芸娘自然也难为情，一拂袖子，赶紧找了个角落躲了起来。以后三白再来时，她也习惯性地躲他。大约是那晚的事已经成了亲朋邻里之间的一大谈资，她为之深深羞耻，所以对他，只好避而不见了。

吃粥这件事，在《浮生六记》中提到了不止一次，每一次的情绪都不同。由乐至哀，由娇丽至荒凉，前前后后的对照，像是小说里刻意埋下的伏笔，草蛇灰线一般。但我想，这一定不是三白刻意为之的。

他在本书的最前端就提到了——所愧少年失学，稍识之无，不过记其实情实事而已，若必考订其文法，是责明于垢鉴矣。大意是——自己小时候就不读书了，没有什么真才实学，不过是一五一十地记录下发生的事情，请读者们不要考究文法，不然就像责怪沾满污垢的镜子为什么不明亮一样，是为难他了。

而对于《浮生六记》的笔法，俞平伯先生的点评是最精到的，他用诗一样的语言赏析了《浮生六记》在文学上的技巧特色。

即如此书，说它是信笔写出的，固然不像；说它是精心结撰的，又何以见得？这总是一半儿做着，一半儿写着的。虽有雕琢一样的完美，却不见一点斧凿痕。犹之佳山佳水，明明是天开的图画，然仿佛处处吻合人工的意匠。此记所录所载，妙肖不足奇，奇在全不着力而得妙肖；韶秀不足异，异在韶秀以外竟似无物。俨如一块纯美的水晶，只见明莹，不见衬露明莹的颜色；只见精微，不见制作精微的痕迹。

也就是说，这书，这载录着往日情事的笔记完全在“鬼斧神工”与“巧夺天工”之间，火候拿捏得极为精准，似有若无的尺度尽在三白的掌控中，呼之欲出，收之即回。

而他能写得这样好，归根结底，还是对芸娘的爱，对芸娘的深情吧。

西厢 >>>

三白与芸娘成亲了。

古人对于幸福有自己独到的见解，名列前茅的是这四种——久旱逢甘雨，他乡遇故知，洞房花烛夜，金榜题名时。

这其中，“久旱逢甘雨”三白必然是体会不到的，因为他不必躬耕务农，即便曾经和芸娘在别处赁屋居住，有过菜地半亩，也不过是闲暇的娱乐，效仿陶潜罢了。更何况江南一带鱼米之乡雨水丰沛，普通的农民也不用担心会有旱涝之灾。最后一个“金榜题名时”他也是没有福气享受的，他幼时一同玩大的发小石琢堂高中状元，他却“少年失学”，寄情于野草闲花，闺阁脂粉。纵然有三五舞文弄墨的好友，却也是人以群分，聚会时多谈些闲散诗文，极忌八股文章。他看不上仕途，仕途也看不上他。

所以这最大的四种幸福只给他留了一半。“他乡遇故知”是后面的事了，在十八岁这个春风得意的年华里，迎着初春乍暖还寒的风扑面而来的，首先是他的婚事。花一样的芸娘一身凤冠霞帔坐在朱帘花轿里巍巍行来。

五年前的夏天，用金约指见证的夙愿终于得偿。

芸娘依旧很瘦，但是揭去盖头，在花烛的火光中静默相视时，娇颜却越发鲜艳。

三白与她并排坐着用晚饭，一时又偷偷地在桌子下面握住她的手腕，细腻温润的触感让他心如鹿撞。三白见她不吃荤腥，便问为何。芸娘说这几日她正在斋戒中，已经坚持了好多年。三白暗暗推算着她茹素的时间，似乎正是他那年出水痘的时候。

他想了想，戏说："我现在浑身上下光滑鲜嫩得很，你还是赶紧开戒吧。"芸娘的眉眼笑成了新月，便点点头答应了。

新婚夫妇即便早先就已相知相交，到了这一日，三叩九拜，行各种大礼，立各种规矩，回到簇新的洞房，坐在洒满花生红枣的雕花大床上，在火光中看着彼此不同于往日的装束，还是会有陌生之感。

他这一句话，既惹人发笑，打破尴尬局面，又昭露私密，带有艳感。于新婚燕尔之间，可算是促情的良言。

紧接着，三白的姐姐也要出嫁了。

前一夜设宴款待各路亲朋好友，芸娘作为新嫁娘，长子之妻，又是表姊妹，自然要出去陪宴。反是三白，留在内室和伴娘对酌饮酒，玩一种被称为拇战的酒令。所以，我在心目中把他定位为现实版的贾宝玉还是对的，不仅有先前说到的流连闺阁，厌弃官派，甚至疲于应酬普通宾朋，只过后花园的日子，活脱脱的一副宝玉德性。

因为行令不断惨败，只有接连饮酒，结果喝得大醉，早早睡去了。

醒来时已经是第二天的早晨，芸娘已起，正在梳妆。

这是再普通不过的场景了，可是他记得很清楚，而且把这细小的情节撰写了下来。

这样晨辉熹微的时刻，在沉醉疲乏的睡眠中醒来，看到枕边人荡漾在昏黄菱镜里梳理青丝盘晓鬟的姿容，想必是极让他安稳的。这里有一种居家的情味，是烟火人间里过日子的质地。他透过镜子看到了她，她也在镜里看到了他，两下一笑，便再无言。她仍旧淡扫她的蛾眉，薄施几分脂粉，他还是睁着惺忪的睡眼，目光悠然逡巡在她身上。窗外白日渐上三竿，花信风缓从南方骀荡而来，又闻得流莺啼呖呖，春水满潺潺，是此生不可忘却的最好辰光。

又过了一日，子夜里三白送走了出嫁的姐姐，折返回家已经丑时将末。灯黯人静，万籁俱寂。悄然步入内室，只见侍女在床下灯晕里支颐打盹，芸娘晚妆已卸，但是还没入睡，烧着高高的银烛，低垂着颈项，在看书，而且看得出神。三白过去抚摩她的香肩，问为何还不睡。“这些日子以来，这么辛苦，还要伤神看书啊！”

芸娘说：“刚才随便翻了翻书橱，看到了这本，读着读着倒不觉得累了。很久前就听过《西厢记》的名声，今天才看到。真真是才子写的书啊，不负盛名。不过，写得有些轻薄露骨了。”

三白笑着说：“就因为是才子写的书，才能做到笔墨挥洒之间轻薄露骨啊。”

这话说得显然更加轻薄露骨。调情的作用已然发挥了出来，就遣走了侍女，一起在床头玩笑戏耍，像是重逢的故友。三白伸手入香怀，问她：“怎么心跳成这样。”芸娘只是垂眸微笑不作声。如此烛影摇红之夜，佳人在侧，又有西厢传奇预热，接下来的情节也唯有解下罗帷，一晌贪欢，方才不辜负美景良宵。

两个人一起看《西厢记》的情节乍看觉得眼熟，自然是因《红楼梦》里有类似的桥段。出现在第二十三回——西厢记妙词通戏语，牡丹亭艳曲警芳心。

桃英乱落如红雨，流水落花春去也，在这样的环境里，宝玉黛玉两个人坐在河边一起看《西厢记》，觉得辞藻警人，满口余香。宝玉甚至迷迷糊糊地借用书中戏文来比喻他和黛玉：“我就是个多愁多病身，你就是那倾国倾城貌。”花样韶华里的少年男女，情窦朦胧，在落英缤纷的时节演上这样一出，确实感人。

可这实在是遥远的境界，需有那么一座繁华瑰丽的花园承载他们虚幻缥缈的梦想，需要一场声势浩大的暮春来为他们这样遐思洋溢的情致助兴。

三白和芸娘的爱不是这样的，即便是一起看书这样幽雅的事，也是落在红尘地面上的，是活生生的闺房里的趣致，紧贴着温热绵密的肌理。那烛火帐帷不及桃花掩映来得别开生面，可却有情爱该有的温度，是宜室宜家得当的氛围。

所以，他像宝玉，也不像宝玉。宝玉黛玉是现实里一点娇粉色的浪漫。他和芸娘则是浪漫里一点沉稳的祖母绿的现实。

初嫁了 >>>

蜜月这个词的由来有两种说法。

一种是说新婚中的夫妇百般恩爱，充满着柔情蜜意，所以谓之蜜月。还有一种说法讲它是舶来语，缘起日耳曼人的支族部落，他们有这样的生活习惯——新婚夫妇需要在婚后的一个月里饮用蜂蜜制品。因为它柔滑细腻，可以让生活和谐。而且蜜蜂精力旺盛，是很有益的寓意。

中国人古时候不知道有没有蜜月中的一些习俗，我读书不多，也没有见过这方面的记载。在《浮生六记》中，三白也没有诸如此类的描述。芸娘似乎没有享受到现代新娘的那种举家眷宠，而是立即投身到家庭主妇的忙碌之中去了。

每见朝暾上窗，即披衣急起，如有人呼促者然。余笑曰："今非吃粥比矣，何尚畏人嘲耶？"芸曰："曩之藏粥待君，传为话柄，今非畏嘲，恐堂上道新娘懒惰耳。"余虽恋其卧而德其正，因亦随之早起。自此耳鬓相磨，亲同形影，爱恋之情有不可以言语形容者。

大意是说日光刚刚逼上帘幕，她就披上衣服急忙起身，像是有人在催促。三白这里笑着提到了吃粥的事。意思是我们现在是夫妻，不用像当时那样谨小慎微怕人嘲笑啊。芸娘说："那时候为你备着热粥，一度传成话柄。现在不是怕人嘲笑，是怕公婆说我懒。"

三白自然是留恋晨起一刻的，想着她能留在被窝里陪他腻歪一会。不过他佩服她妇德端正，也就早起了。

耳鬓相磨，亲同形影，爱恋之情不可以言语形容。三白原以为日子可以这么如胶似漆地过下去了，谁知一月过后，在会稽工作的沈老先生，让人把三白也叫了过去，同一位当地的赵老师学习读书。大约是沈老先生知道儿子的脾性，在家无非是消磨时光，荒废学业，他山高皇帝远管不到他，只有拎到眼皮子底下看着。

当然，这也是对三白夫妇的一种考验。

三白自是惆怅的，芸娘心有不舍，但是强颜欢笑，倒来劝他，在灯下缄默地为他收拾行装，低声说："到了那头，没人照顾你，你要自己注意保重身体。"

登舟离岸是在一个夭桃茂盛的阳春之日，沈三白大概在那一瞬间化成了千年前的柳三变，心中盘旋着《雨霖铃》这样凄切哀婉的词句——留恋处，兰舟催发。执手相看泪眼，竟无语凝噎。

他把自己说成是离群的鸟，纵然天地美艳，却也如万物凋零的秋天。

孤身一人在会稽的时光是非常煎熬的。三白与芸娘之间唯有以书信往来，但是大多时候都是三白去两封，她回一封，而且只一些客套的只言片语。恐怕芸娘是怕书信中若写离愁别绪，两情依依，会分散他的注意力，不能专心于功课学术，于是只言简意赅礼貌地回一回。

又要拿《红楼梦》来类比了，芸娘身材娇弱形似黛玉，心有韬略神似宝钗。但书中提到她——终日无怒容，与之言，微笑而已。所以她没有黛玉的脾气，是个温文静婉的女子。她也不像宝钗太过端肃庄严，暗藏城府，却能常常和三白调弄嬉笑，时有情趣。

这样的温柔解人意，也难怪他会挂念。

三白闷闷不乐，每逢月夜，遥对竹窗疏影，总是神思恍惚。教他写字习文的老师知道了这事，赶紧修书一封告知沈老先生，接着出了点题目，让他回家自学去了。

阔别三月，人间已从芳菲四月天到了阴阴夏木啭黄鹂的时节，三白归心似箭，一刻犹如一年般漫长。好在终于到了家，向母亲问安后，立即回到自己房间。

芸娘起身相迎，只是执手互看，良久无言却早已情思互通。

三白说，他记得自己当时耳朵里嗡地响了一声，再接着就记不得了，两个人相视化成了太阳下的一束光，或是一缕青烟，你我纠缠，互为空气，什么都不存在了。

沧浪亭 >>>

好的爱情总是有好的容器来盛载的。

比如上面说起的《西厢记》，郎情妾意总不能露天表演，要有个落脚的地方，便是西厢，接着才能有香诗艳词存活的空间——待月西厢下，迎风户半开。拂墙花影动，疑是玉人来。

再比如接下来要看到的故事，有影梅庵和香畹楼作为舞台。以至于我们历数著名的爱情故事，总要有一处风景作为依托。说起白娘子和许仙，自然想到断桥。说起陆游与唐琬，自然想到沈园。说起宁采臣和聂小倩，自然想到兰若寺。说起曹植与甄宓，总要想起那一道盈盈的洛水。

沧浪亭对于三白芸娘来说就是这样的存在。

六月里，为了避暑，借着读书的名义，三白带着芸娘到沧浪亭爱莲居附近的一间名叫“我取”的小轩室里消夏。这间屋子的名字很有意思，出自《孟子·离娄》中的一句“清斯濯缨，浊斯濯足，自取之也。”

孔孟之书在于使人知礼明智，用在了这里却有了闲适与不羁之意。

小屋子靠着板桥，流水泠泠从门前过，本就清凉，又有一株古树，伞盖巨大，浓荫遮掩着小轩窗，辉映得人脸都如叶子般青碧。这里本来是沈老先生垂帘宴客的所在，这时就成了他们的梦游园。他们在这里投壶射覆，吟风弄月，心中自认为掌控着人间最丰盛的欢乐。

不过，也并非每日都这般消磨掉的。他们也很认真地讨论过诗文，而且，还曾有这样两段非常漂亮的对话。

一日，芸问曰："各种古文，宗何为是？"余曰："《国策》、《南华》取其灵快，匡衡、刘向取其雅健，史迁、班固取其博大，昌黎取其浑，柳州取其峭，庐陵取其宕，三苏取其辩，他若贾、董策对，庾、徐骈体，陆贽奏议，取资者不能尽举，在人之慧心领会耳。"

三白对于大家文风的精炼概括实在精彩。芸娘说散文的境界太高远，女子恐怕抵达不了，复又与他谈诗。三白就问她唐诗里的两位宗师级人物李白杜甫她更推崇哪位。

芸娘便也发表了自己的高见。

芸发议曰："杜诗锤炼精纯，李诗激洒落拓。与其学杜之森严，不如学李之活泼。"余曰："工部为诗家之大成，学者多宗之，卿独取李，何也？"芸曰："格律谨严，词旨老当，诚杜所独擅。但李诗宛如姑射仙子，有一种落花流水之趣，令人可爱。非杜亚于李，不过妾之私心宗杜心浅，爱李心深。"余笑曰："初不料陈淑珍乃李青莲知己。"

芸娘更爱李白，因为他“可爱”，“有一种落花流水之趣”。她也坦言审美这种东西非常私人化，只是她自己的一点看法而已。这一点上，芸娘尽管作为新媳妇做事有条不紊，处事得当，但她从骨子里来说还是有别于古时候的那些恪守女训，死板教条的妇人的。她怀有烂漫情愫，一直向往着大天地的缥缈浩荡。

她喜欢千顷云这一处景色的高旷清奇。

她看到太湖的万里烟波会感叹自己终于步出深闺，看到了好风光——此即所谓太湖耶？今得见天地之宽，不虚此生矣！想闺中人有终身中不能见此者!

她还偷偷地女扮男装，同三白一同出游。

这在古时候来说，都可算是深闺奇谈了。

芸娘喜欢李白，识字学诗又得《琵琶行》的作者白居易“启蒙”，嫁了个相公又叫三白，所以他说她与“白”字有缘。果然谈及婚嫁，话题就又从高古的诗卷册页中回到了男女私情上，他们说到了司马相如和卓文君私奔之类的事，怀疑卓文君并不是被相如的绿绮琴声感染，而是被他华美飘逸的文赋勾引走了。

说说笑笑，便又是半晌时光过去了。

七月初七是牛郎织女鹊桥相会的日子。民间有很多习俗。比如乞巧——把瓜果放在月下的条案上，如果有喜蛛在瓜果间结网，就意味着织女把灵巧的手艺活隔空传给了她们。芸娘本就擅长女红刺绣，但也还是例行风俗，准备了一番，打算在我取轩里祭拜织女。

三白就趁着佳节刻了两方印章，上书“愿生生世世为夫妻”。他的那枚是阳刻，芸娘的则是阴刻。用来做什么的呢？是彼此写信时落款用的。读到这里，立刻让人觉出一种温柔，像是水莲的花尖，肥白的花瓣上幽幽地沁出一丝丝绯红。古人的情致绝非今日的我们可以企及的。有时候细想，今天，疲于奔命的人，已经有多少时日没有寄出或收到手写的信件了呢，或者长久的键盘敲码是否已经使人提笔忘字呢。快节奏的氛围让我们失去了慢活的耐性，高科技的通讯方式也叫情感变得外露和潦草。像他们这样，闺房传书还要刻章的诗意真是难以寻觅了。

这一夜的月色很好，也像是白莲瓣一样遥遥垂在天心，河水波光粼粼，像是织锦的绸缎闪耀着丝线的光泽。他们临窗而坐，焚烧香草驱蚊，芸娘手执纨扇，轻轻煽动着。空气中弥漫着清凉的芬芳，草窠里萤火点点，再远一些，蛙声一片，柳浪轻卷。

他们逆着晚清的月色，化成了杜牧那一首脍炙人口的诗作《秋夕》。

银烛秋光冷画屏，轻罗小扇扑流萤。
天阶夜色凉如水，卧看牵牛织女星。

芸娘感慨，说宇宙这么大，在这同样清白的月光底下，除了他们，像这样赏玩月色的还会不会有别人呢。

三白说纳凉赏月是寻常事，家家户户都有。谈论风景，用心感悟，有自己独到见解的，若要到绣楼闺房中去寻找也是有的。

夫妻两人同时赏月，慧语怡情，又恰巧是眼前的这轮月的，也许就不多了。

所以在那一刻，烟岚停流，天地俱静，这红尘之上，也就只剩下他们二人，遗世独立，情魂相携，御风而行。那个刻在鸳鸯章上的“生生世世”似乎离他们触手可及。

再过了几日，到了七月半鬼节。芸娘特意备了一些美酒佳肴，准备对着圆月畅饮。谁知到夜里突然就阴天了，乌云密布，遮天蔽日，芸娘的脸色也变得像天色一样凄惶，又说：“要是我和你能白头到老，月亮就一定会出来的。”

不知道那个时候的她为什么会用自己的姻缘做赌注，和天公较量。精心布置的花间小酌被天气破坏也不至于发这样激烈的誓言。但这些只言片语在三白写这本回忆录的时候全部被书写下来，就像沉在杯底的茶叶被一注清流一浇，全部翻腾跃起。而这清流就是三白对于芸娘的怀念。怀念让那些细节，让那些带有谶意的话语一点一点地浮现出来。

好在一水之隔的彼岸花木葱茏，流萤飞舞，让人心情略微好了一些。幽雅夜景中，三白和芸娘联诗，起初只是用来纾解刚才的郁结，两联过后竟然有了很好的兴致，再接着诗兴大发，竟然想入非非，语句放纵起来，最后就胡口乱说了。想来不乏闺中冶艳的句子。芸娘笑得都流出了眼泪，扑倒在他怀里。

她的发髻乌顺水滑，发髻上簪着小朵洁白的茉莉花，在鬓角边散发着浓郁芳香。

三白抚摸着她的青丝，借着这个说了点关于花的话题来缓解她止不住的笑意。

说过去的人大概是因为茉莉花蕾圆圆的，色泽也像珍珠，所以会用它来装饰吧。可在他看来，这花要沾染人气，沾染油头粉面的腻味才会显得可爱。高贵的佛手之类反不及它。

今天，我们多视茉莉为清净甘美的花，但是古人不这么看，认为兰花最高洁，茉莉最浑浊。因为兰花是本土的植物，以兰为佩是高士们孤雅品格的象征。茉莉就不同了，是从东南亚传过来的，和那一带人的长相一样，似乎腻着膏脂一般。《板桥杂记》里就有“盖此花苞于日中，开于枕上，真媚夜之淫葩，殢人之妖草也”一说。

所以在当时，茉莉普遍不受国人待见，认为是俗花。

而且三白看人看事向来眼光独到，去游览名胜也不爱名山大川，喜往幽僻少人未被勘探出来的小地方去。这下，茉莉更被他说成了趋炎附势一般的嘴脸。

好在芸娘和他是一路人，也这么认为，说：“佛手是香中君子，香味是无意间散发出来的。茉莉不同，它是香中的小人，借着人力，那香味犹如耸肩谄媚。”

三白诧异，想她既然也赞同这样的道理为什么还选择茉莉。

芸娘说：“因为君子大多可笑，而我也喜爱小人。”

这话在我听来有机带双关的意思，像是微醺中竖起兰花指点一下三白的鼻尖，说：“我说的小人就是你，你就是我的小人。”带着旖旎的春情。

真小人大多都是耍小心眼，玩小聪明，比起伪君子大面上的一套道貌岸然要可爱得多了。人说“真善美，假恶丑”，“真假”排在最前，可见这永远是判断人事物品质的首要因素。所以在今天这样一个遍布着虚假正能量的时代，我也宁愿去接受那些真实的负面情绪。

谈笑之间已经三更，微风在夜空中轻轻荡漾，扫开了乌云，一轮明月也犹怀抱琵琶半遮面的佳人一样，始露玉容颜。

可这光风霁月的好景色并没有为他们日后的生活带来幸运，没能提供给他们一份同生共死的爱情，看来天公也有说话不算数的时候。不过当时的他们看到这情景还是满心欢喜的，于是凭窗而立，添酒回灯，预备接着刚才的话题再把酒言谈一番。这是却听见桥下咣啷一声，像是有人落水了似的。仔细看看，却波平如镜，只有岸上一只小鸭子在奔跑。

沧浪亭附近一向有溺死鬼的传说，芸娘吓得不轻，赶紧执灯回房，放下床帏，准备入睡。可是绰绰渺渺之间总觉杯弓蛇影，怎么也安心不了。这一冷一热，一惊一乍的，夫妻俩就双双病了。

三白回忆起这事，不免又说，这样的乐极生悲，也是不能共白头的预兆。

辗转一月，病好得差不多了，也就到了中秋。

前面说到的这个我取轩只是靠近沧浪亭，还不在沧浪亭的范围之内。而芸娘嫁过来也有半年的工夫了，一直还没有机会去沧浪亭看一看，于是这天傍晚，三白芸娘，还有他的小妹以及一位老妈子一位小丫鬟一起去了沧浪亭。先前还特别与看守园林的人商量，不要放闲杂人等入内。

这是黄昏欲尽，即将掌灯的时刻。遥远的暮鼓在城外次第响起，徐徐传来。晚凉的微风中飘散着浅浅的草木香。炊烟杳渺，云霞寂然，天上人间，成为浑然一体。携手登上假山亭阁，可以远眺数里以外。那长长的城郭，那华灯初上的万家烛火，都得以尽收眼底。

身边的人是大病初愈的芸娘，自有一种晚香玉凋谢又重开的美态，温润柔美。抒写这一刻风貌的三白，一定在红线古纸笺上看到了芸娘荡漾的笑颜，像是锦鲤悄然升上水面。然而涟漪散去之时，不免惘然，原来只是梦一般的虚幻。

对岸是一处叫做“近山林”的地方，原来达官贵人们喜欢在此宴会聚集，这时却像是还未开学的林间私塾一般幽静。他们把带来的毯子铺在地上，席地而坐，围成一圈。看守沧浪亭的人送来了一壶煎好的香茶，凉风有信，幽香沁人，此时，明月也缓缓爬上树梢。

静默远眺，微笑不语的他们一定在想，人间安静美好的这一刻，因为有你，所以值得。

仓米巷 >>>

为了给三白的弟弟启堂娶亲，他们举家迁居到了饮马桥附近的仓米巷。也许是家道日益艰难，也许是讲究风水。若是后者，这风水似乎于三白夫妇不合，因为从搬家这件事开始，他们的生活就逐渐走了下坡路，各种各样的隐患在滋生，虽未暴露，但也为日后的爆发提前设下了埋伏。

上学的时候我到过苏州两次，跟着老师带领的大部队去采风，一刻都不能离开集体。如果有机会独行，我大概会去仓米巷走走。物换星移，人去楼空，也许今天的仓米巷早已是设施齐整的现代化街道，但那方天应该还是和数百年以前透过深院高墙所看到的天没有多大区别，它蓝而清浅，映照着三白夫妇在姑苏的最后家园。

说仓米巷里发生的故事前，先说或沈家老夫妇的干儿子干女儿。他们二人热衷于收义子义女，所以门庭也一直很热闹。这些干亲中，有两位特别有意思，是沈夫人的义女，一个王二姑，一个俞六姑。性格差别很大，却都和芸娘玩到了一起去。

王二姑是个憨厚的女子，性格好，酒量大。有一次和三白夫妇一起去沈家堂伯父的墓，途中，芸娘发现了一种漂亮的小石头，上面布满了苔藓，斑驳之间，十分好看。二姑说嫂子喜欢我就来给你捡。一面说一面向守陵人借了个麻袋，大步流星地捡了起来。未想，三白夫妇要求多，对于石头的质感很挑剔。需要二姑捡一个，给他们看一下，他们说好，这块石头才值得收集。所以，没过一会二姑就大汗淋漓的了。

芸娘开玩笑说："山里的人摘野果子，一般都会让猴子跟在后面帮忙。"

二姑听了，虽然有些生气，但是还是弓起十指，像猴子一样搔痒，以化解尴尬，好圆个场子。

三白批评芸娘："人家在给你帮忙，你自己歇着，反倒笑话人家，不怪妹妹生气了。"

大约是芸娘被三白数落了，心里不高兴，所以后来路径戈园时又把气撒在了二姑身上。在戈院，二姑见园中树木葱翠，花朵红艳，一时开心，就去攀折，折了满满一怀。

芸娘责怪她："又没瓶子养，又不簪花，摘那么多干什么啊。"

二姑很天真地说："花又不会痛，多摘点怕什么。"

三白大约是看出了芸娘不开心，又反过来帮着她揶揄二姑："以后啊，惩罚你嫁个胡子拉碴又满脸麻子的男人，为今天这些葬送在你手里的花狠狠出一口气。"

二姑这回真生气了，狠狠地看着他们俩，突然把花摔在地上，又把它们踢进旁边的河里，气呼呼地说："你们干什么这样欺负我！"

芸娘见她真的急了，只好赔笑脸，劝了好久才罢休。

关于玩笑话的尺度，不久前，芸娘和三白其实是做过一番讨论的。

起因是三白觉得芸娘太讲究礼节了，常常给她披衣服递手帕，她总要致谢半天。想是三白觉得夫妻间如此客套，不像过日子的样子，就对她说："你是想用这种条条框框来束缚我吧，礼多必诈。"

芸娘生气了，她自觉恭敬有节不是坏事。

三白解释："礼教是放在心里的，不在于行动上做了多少。"

芸娘反说："天下至亲的人是父母，那我们是不是也只要心里敬重他们，行为上就可以放肆了？"

三白见劝不住了，只好投降，说："跟你开玩笑呢。"

芸娘这时候说了一句叫人印象极为深刻的话："天底下，很多朋友之间翻脸，多是由一句玩笑引起的。"

自此以后，他们的爱情就成了梁鸿孟光式的新典范，唯有举案齐眉这一类的词才能形容透彻了。

另一个朋友俞六姑的心性就截然不同了。豪爽又格外会说话。她和二姑芸娘相聚的时候，总是把三白赶到别的房里去睡，她们姊妹三人一床说话。三白打趣："以后你结了婚，我就把妹夫请来一起住，住上个十天半个月。"本来是含蓄地戏说闺房之事，六姑却不害羞，不吃他这套，说："行啊，我也来，我和嫂子一起睡，美妙得很呢。"

沈夫人做寿了，二姑和六姑作为义女，自然要来贺寿的。

这一天，家里照例请来了班子唱戏，各色伶官粉墨登场，风箫龙笛响遏行云。起初芸娘看得还很有兴致，过不了一会，沈老先生点了一出沉重的《惨别》，戏本就悲恸，演员又是老演员，用今天的话说就是老戏骨，演得炉火纯青，台下观众无不为之哀伤断魂。

隔着低垂的竹帘，三白瞧见芸娘起身离座往内室去了。

过了许久仍不见出来，三白便往里面去瞧。二姑六姑也关心，一起往里面来了。

内室里帘帷沉沉，静悄悄的，和外面的喧嚣俨然是两个天地。芸娘一个人支颐坐在妆台边出神，脸色并不好。

三白问怎么了。芸娘说："看戏原是为了陶冶情操，今天的戏反倒叫人肝肠寸断了。"二姑六姑听了发笑，笑她入戏太深。三白开解她，说懂感情的人才能深陷其中，不懂的人囫囵吞枣地看看也就过了。芸娘坚持等有好戏再出去。二姑就悄悄地请沈老夫人点了《刺梁》几出，芸娘这才又开心起来。

三白给他们在仓米巷居住的卧室题了一块匾额，写着"宾香阁"。这个名字有深意，一方面有相敬如宾的意思，一方面，芸，是一种香草的名字，暗扣了芸娘的芳名。

不怪他们先前讨论才子，说《西厢记》这种风流雅致的书只有才子才可以写得出来，又言司马相如用诗赋勾引了卓文君。像这样，能把娇妻时时刻刻放在心上，取个卧室名都嵌字其中，用心细腻，三白也真的可算风雅流拓了。只是这点才华在他身上，仅限于夫妻之道，未免有些可惜。

名字虽好，这间房却并不遂三白的心愿，因为院墙太高，院子又窄，窗子一推就对着一面墙，通往厢楼藏书阁的地方又对着后头一间废弃的院子。饱尝沧浪亭美景的三白夫妇心中始终不够畅怀。

有这么一位老妇人，住在埂巷附近，因为那里还有座金母桥，所以暂且叫她金婆婆吧。她偶然间向芸娘描述起了家里的场景。

说那几间瓦屋农舍周围都是碧绿的菜地，密密匝匝的篱笆是用树枝编起来的。门外还有一个池塘，大概一亩多。水里不仅荡漾着天光云影，蔓蔓花枝，还有有各种各样的鱼——青鱼，鲤鱼，花鲫。水草丰茂，沉淤肥沃。那个地方是元代张士诚王府的废址，房子西边大概几丈远的地方有个瓦砾堆成的小土山，登上山顶就能远眺迢迢风光。人烟罕至，大地清旷。

三白夫妇都是喜好清雅闲适的人，对于艺术品，也讲究清淡疏朗的风格。听到这样的风光，人未至，心已远。当机立断，决定租赁金婆婆的房子用来消解连绵夏日带来的燥热。

到了那里，见金婆婆的房子果然极有野趣。纸糊的窗户，竹制的床，腾出了其中的两间给三白。芸娘在四面墙上贴了白纸，这屋子就初具规模了。

征得沈夫人的同意之后，三白便带着芸娘往到了这里来。

金婆婆老夫妻俩住在隔壁，见他们搬来了，特特地过来问候，还钓了鱼，摘了菜送来。又不收一文钱。芸娘过意不去，给他们纳了鞋子作为回报，他们也是推辞了很久才肯收下。

这是七月，高高碧树，漠漠水田，水上的清风迂回盘旋而来，尽管蝉鸣聒噪，可蝉噪林愈静，也是一种深深的幽凉寂然。金婆婆为他们做了鱼竿，他们就去柳丝长长的绿荫深处垂钓。钓鱼固然是件乐事，然而更快乐的是有情人相伴在侧，度过漫漫炎夏。

黄昏之时，一起携手登上土丘，观赏远处的夕岚晚照，联诗时也不乏“兽云吞落日，弓月弹流星”这样的好句子。

又过了片刻，月光落在了水里，天上水里的两个月亮遥相呼应，像是把他们的未来提前演绎给他们看。

虫声唧唧，他们把床移到了篱笆之下，金婆婆的酒菜也已经准备停当，便举杯邀月，对月畅饮，微醺中方才吃了些菜饭。

洗了澡，趿着凉草鞋，在芭蕉扇的徐风中听金婆婆讲久远的故事。那些故事多是和因果报应有关联的，人世轮回的微妙感在老人家沧桑的话音里盘旋不去。他们听得入了神，直到三更才回房间去休息。

入秋前，三白请金婆婆买了些菊花回来栽种在篱笆下。

到了九月，菊花遍地盛开，他们邀请沈夫人一起过来赏花，对着花丛吃螃蟹，饮美酒，玩了整整一日，像极了陶潜《饮酒》诗里落拓不羁，清远放达的那种意境。

结庐在人境，而无车马喧。

问君何能尔？心远地自偏。
采菊东篱下，悠然见南山。
山气日夕佳，飞鸟相与还。
此中有真意，欲辨已忘言。

这是他们终其一生都在向往的境界。

如果可以选择，也许他们会永远留在这个地方，过这种与世无争的日子来穷尽红尘的这一场梦。但他们无法选择，能够主宰人生的机会太少，他们与俗世之间的纠葛是斩不断理还乱的，所以后面才会发生这样那样的事，最终才会落得那样的下场。

芸娘像是猜中了结局似的，依偎在三白怀中喃喃自语：“要是我们真的能够在这里盖一所房子，绕着房子买上十亩菜地，养几个仆人丫鬟，种种瓜果蔬菜，也不要多，自己够吃就行。你画画，我呢，就继续做刺绣，拿出去卖，换些钱回来接着喝酒作诗。纵然是布衣麻鞋，淡饭粗茶，这一生也可以很美好地度过。”

三白自然再认同不过，可后来尝透人情冷暖的他也清楚地知道，这不过是幻象，是镜花水月，一触即碎的幻象。

水仙庙 >>>

这一册《浮生六记》清气淡然，仿佛在日光底下阅读，甚至能看到纸页上有白色的雾在呼吸。似乎三白和芸娘的日子过得也确实很悠闲，其实不然。

三白在这本札记的第四卷《浪游记快》中说到——余游幕三十年来……也就是说，他前半生其实有大部分的时间是在各处做幕僚。有时候是跟着他父亲，有时候是朋友引荐，有时候是自谋职业，总之，四海漂泊，居无定所。

这些和芸娘相偎相依的岁月都是他从黑暗记忆之中提取出来的。之所以称之为黑暗记忆，是因为他曾言——见热闹场中卑鄙之状不堪入目。

强烈的对照之下，和芸娘在一起闲观停云坐看繁花的日子自然占据了记忆的大部分空间。

水仙庙的那个欢乐夜晚今天已无从查证确切是发生在什么时候，但按人情道理来推测，应该还是在他们夫妻第一次被逐出家门之前。虽然后来又迁回来过，但毕竟媳妇公婆之间是撕破过脸的，不会再有水仙庙这一晚这么愉快的心境，或者根本就不会这样佻达地出去走一遭，还兴高采烈地女扮男装。

女扮男装这回事，在古装剧里并不少见，但是看起来总少了点真实感。像《还珠格格》，九重皇苑，宫禁森严，小燕子穿个小太监服，拎个腰牌就随意出入宫门，显见的是戏说。还有《乔家大院》，本应大门不出二门不迈待在闺阁里绣花的小姐陆玉菡居然也用这招混在人群里看皮影，未免有些荒唐。

可是《浮生六记》里对这一段故事的记载很详细，咀嚼之下，倒别有滋味。

说是离仓米巷不远的地方有个醋库巷，在这个巷子里有个洞庭君祠。

按照我们今天的名称来说，洞庭应该是指湖南的洞庭湖，这个所谓的洞庭君应该是唐朝传奇故事中传书的柳毅。苏州供奉湖南的神灵显然不科学。实际上，古时候的太湖也被称作洞庭，在西晋时期著名文学家左思的《吴都赋》中就有“集洞庭而淹留”的句子。所以这里被俗称为水仙庙的洞庭君祠供奉的应该是太湖的某位仙人。

水仙庙里有曲曲折折的回廊，小小的亭子，小小的院子，典型的苏风建筑。到了太湖仙人诞辰的这一天，众人扶老携幼，会络绎不绝地过来参拜。大家按照各自的姓氏选择一个角落，挂上玻璃制的灯。庙宇中心设置一个宝座，旁边则设立几案，案上摆放花瓶，插上鲜花，互相之间比较优劣胜负。

白天庙里只是唱唱庙会，到了晚上就热闹了，有很多事要做，三白也被朋友请去帮忙，布置一种被称之为“花照”的雅设——就是在花瓶之间插一些蜡烛并点燃。那么，灯影之中，花枝摇曳，又配合了香鼎中浮动的烟雾，迷迷蒙蒙，绰约生姿，有人在阑干下抚笛弹琴，鼓瑟吹笙，也有人煮好了香茶在这缭乱美景和悦耳曲乐中高谈阔论，所以整座水仙庙像是海底龙宫在召开夜宴，月光穿过海水，一切都无比华美隆重。

回去之后，三白把这乐事说给了芸娘听。

芸娘自然又高兴又向往，憧憬了一阵子，流露出忧伤的神色，说：“可惜我不是男人，不能去那里看看。”三白听完之后就出了女扮男装的点子，并且充当了芸娘的服装师，化妆师和造型师。为芸娘戴上他的帽子，穿上他的衣服，把发髻松下来编成辫子，只在两鬓间露出少许的头发，再把眉毛描描粗，就大差不离了。三白的衣服长，那就把腰间的布料折一半缝起来。鞋子不合脚，就到市面上买了一种可以任意调节大小的蝴蝶鞋。

准备就绪后，芸娘开始学男人的拱手礼，改妇人三寸金莲迈着的小碎步为大步。学着学着又突然变卦了，说：“不去了不去了，被人认出来就不好了，再说了，妈知道了也不好。”

三白劝她：“庙里人我都认识，认出来也就笑笑而已，妈到九妹夫家了，我们这会就悄悄地走，她不会知道的。”芸娘揽镜自照，笑得前仰后合，三白趁势拉她出去了。

外面是一个怎么样的天地呢。

一定是像《大明宫词》里上元灯节的长安大街一样热闹，灯火辉煌，人群如织。只是那少年的太平还需要辛苦地揭起昆仑奴面具才能遇见她命里的薛绍，而这一年的三白与芸娘已经相携手走过风雨人间的春秋数年。

芸娘大概还是放不开吧，怯生生地跟在他身后，低着头，踩着他的脚印往前走。络绎的香客忙着参与这个艳丽欢娱的盛会，无人识得他是女子，有一两个问起是谁，三白便说表弟。

最终到了后庭，里面聚集着盛会操办者杨司事的家属，妙龄女子们披着帔子摇着扇子，在一处说话玩笑。芸娘忘了自己还穿着男子的衣服，就跑过去问候她们，无意间碰到了一位少妇的肩膀，被她的女仆骂了一声："狂妄的东西，给我规矩点。"

芸娘这才反应过来，三白正要为她解释，她自己却已经机灵地摘下帽子，抬起脚，说："我是女的。"大家先是一惊，后来纷纷笑了，留芸娘一起吃了些茶点后，便各自回去了。

像是花朵开到将谢前总会有盛放得格外烂漫的时刻，像是一个王朝在没落前总是会出现浮光掠影的空前治世，爱情的命运也是如此。水仙庙的这一夜像是一场绚烂的盛筵，酒罢羹残，接下来便是分别，便是漫长的黑暗。

即便黑暗过后是黎明，也终究是后一天了，与前一天在某种意义上来说可算是永别。

二十年后的某一天，也许到了这个节日，水仙庙依旧是人流如织，花灯闪耀，宝鼎飘烟。

逼近迟暮的三白回到苏州，逢上这个盛事，会驻足观望吧。

众里寻他千百度，那灯火阑珊处会有熟悉的身影吗，会走来一个男扮女装的佳人摘下帽子冲他微笑并说一声“久不见君矣”吗。旧梦温存中，大概只有宋人卢祖皋的那一阕《江城子》可以描绘他眼里呼啸而过的时光了。

画楼帘幕卷新晴。掩银屏，晓寒轻。坠粉飘香，日日唤愁生。
暗数十年湖上路，能几度，著娉婷？
年华空自感飘零。拥春酲，对谁醒？天阔云闲，无处觅箫声。
载酒买花年少事，浑不似，旧心情。

三太太 >>>

敏感的人会留心每一处细节，能觉察出事情潜移默化的走向，看清每一个转折点。

若是以养花这件事来比喻，就像是关注着花什么时候发芽，什么时候抽枝，什么时候开花。如果有蝴蝶飞来，是什么品类的蝶。如果下了一场雨，花是被雨水打蔫了，还是吸收了水分更加蓬勃。

三白就是这样的人，家里微微有个关于他们夫妇的风吹草动，他都看在眼里，也许不说，但却心中有数。就像是“三太太”这个称呼。

三白是家中长子，但是行三，前面有两位姐姐。本来府中上下应该称他为“三爷”，称芸娘为“三娘”的，可是突然有一天，有人开始称芸娘为“三太太”，这个不伦不类模棱两可的称呼自然叫他们夫妇错愕。

三太太，听起来很像是偏房侧室的三姨太，很有一种戏谑之味在其中。

三白一定是想遏制住这个略带讽意的称呼的，无奈一时之间上上下下都开始这么叫了。芸娘心中有耻，但也无可奈何。因为扬汤止沸无用，釜底抽薪才行。这些年他们过的这种生活的的确确足够招来话柄非议了。

前面提到三白的大半生都是在外面游幕。幕僚的种类很多，大多是抄抄写写献计献策的文官，用我们今天的话来说可能就是秘书，或者顾问。再说难听一点，就是辅助类的职业，可有可无，说裁就裁的，所以薪水的高低程度也是不消细问的。

拮据的生活不免需要时常出入当铺典行，起初是拆了东墙补西墙，后面就是闹各种亏空了。谚语中说——处家人情，非钱不可。其实就是俗话说的“有钱好办事”。在这样一个人口众多大寒门之家，再清贫，丫鬟管家老妈子总是必不可少的，一个大家庭该有的门面还是要有的。门外的打点，门内的赏赐，每一样都要用钱。有了钱，奴才看主子的脸色办事。没有钱，反倒是奴才给脸色给主子看了。这就是“三太太”一词的由来了。

三白在第三卷《坎坷记愁》的开篇说——后忽呼为“三太太”，始而戏呼，继成习惯，甚至尊卑长幼，皆以“三太太”呼之，此家庭之变机欤?

这家庭变故就是从“三太太”这里起的头了。

这一年的春天，三白是在真州游幕，他父亲和弟弟启堂则在扬州。父亲身体不佳，三白便去看他。芸娘这时写了封信给他，说启堂向一位邻居借钱，当时是芸娘作保的，现在人家急着用钱，来要债了。三白问启堂是不是有这么回事，启堂反过来说：“嫂子真多事，回家时还给他不就行了？”三白也就没放在心上，跟芸娘说，启堂会自行料理这个债务的。

沈老先生的病好了之后，三白还是返回真州。芸娘又有一封信过来，沈老先生拆开来看了。不看便罢了，看完之后简直暴跳如雷。

令堂以老人之病留由姚姬而起，翁病稍痊，宜密嘱姚托言思家，妾当令其家父母到扬接取。实彼此卸责之计也。

信中不仅再次提起了启堂借钱的事，而且涉及了沈老先生的小妾姚氏。

姚氏是什么人呢，是芸娘转了多少弯路为沈老先生物色的妾室。媳妇自然没有道理主动为公公操这些心，还是那一年三白随着沈老先生在海宁游幕的时候，老先生看到别的同事带着家眷一起住，起了这么个心思。一道工作，同事也能看得出来沈老先生心中所想，就悄悄地同三白说了。三白出于一片孝心又悄悄写信给了芸娘，请她找找媒人，物色这么一个人过来，服侍老爷子的起居饮食。

芸娘就找到了这么一位姚氏女子。姚氏来家中玩的时候，芸娘介绍给沈夫人说这是邻居家的姑娘。毕竟事情没有完全定下来之前，不能贸然唐突地说是给老爷找的人。

后来事成了，沈老先生派人把姚氏接了去，芸娘听取了旁人的建议，让她说这个姚氏是老爷原先自己看上的，这样她就好脱身了，不至于和婆婆生分。这听起来像是天衣无缝，其实仍有疏漏。就像后来沈夫人听说老爷子有了新欢，去见了，就淡淡地问芸娘："哟，这不是以前常来我们家玩的那个姑娘么，这么巧，就娶了她了？”

本不想伤害到任何人，求一个万全之策的芸娘一时被推到了风口浪尖之上。

原来和朋友聊到这段的时候，她说芸娘的处理方法不对。应该事先就禀明夫人，说要为老先生讨个房里人，听了夫人的口音再去做事。可我认为这也不好。公公要娶小老婆，什么时候成了儿媳妇的业务，做什么要巴巴地去向老夫人请示？外人看不清内里，说不定还会嚼舌根误以为公媳之间有什么牵连。

芸娘其实一片好心，不过是想叫大家面子里子都好看，谁知功亏一篑。

说起来，没有金刚钻，别揽瓷器活，这种牵扯到几宗人事的活计没有处理经验的办起来很难。老爷子寂寞难耐，偶动春心，就该直接向夫人开口，何必叫子女遭罪。

可是从文中来看，沈老先生都没有向三白说，是那个拖家带口的同事见他目露艳羡之色，私下里向三白建议的。想来老先生是一个比较内敛怕羞的人，心中虽蠢蠢欲动，却只敢望梅止渴。不过对待子女，老人家却没这么缩手缩脚，态度倒是很强势。要是三白知道了他的心事仍然不管不顾，那他一定大发雷霆。在他看来，子女明明能为父母效劳却置之不理的，就算是忤逆。此前发生过的一件事就可见一斑。

有一次，芸娘写信给三白，老先生瞧见了，说：“她既然能提笔写字，以后你母亲的家书也交给她写吧。”芸娘照做了。

大家庭人多话也多，后来约莫是有些是非口舌吹到了沈夫人耳朵里，她怀疑芸娘在信里有表述不当的地方，就没有再继续请她代笔。

沈老先生收到了信，见不是芸娘的笔迹，就问三白她是不是病了。三白当即写信问询，却久不见回复。这是自然的，女人之间的流言嫌隙很难在字面上阐明，越描越黑就更不好了，芸娘索性没有回复。

多疑的沈老先生就生气了，说："你媳妇自视甚高啊，不屑给她婆婆代笔吧。"

后来三白回家，弄清了事情的经过，也知道了芸娘受到的委屈，就想当着大家的面把话说清楚。芸娘说："算了吧，已经受了公公的责备，也只有忍着。要是弄得大家难堪，又要失去婆婆的欢心了。"

怕什么来什么，果然不久后在小妾姚氏的事上，已经因为风言风语失去代笔资格的芸娘算是彻底失去了婆婆的喜爱。

现在这样的一封信又被沈老先生拆开看到了。他赶紧把启堂叫来，问他，是不是有借钱没还这回事啊。启堂这时装了个什么都不知道，说："什么，哪有这回事啊。"

老先生一气之下，当即给三白写了封信，大致内容就是你媳妇背着你向别人借钱，倒诬赖别人，推到小叔子身上，还称"婆婆"为令堂，称我为"老人"，简直一派胡言。我现在已经命专人带了信回苏州去，打算把她逐出家门。你自己但凡有点人性的话，也该知道你们两口子错在哪里了。

果然人间的事最怕转述，尤其是牵扯到利益和人际关系的话，说着说着就背离事实，越传越走样了。

就这样，三白夫妇被扫出了家门。

因为一封转述的书信，因为一些诋毁他们的流言，因为一笔旁人的债务，因为一房长辈的小妾。都是和他们无关的人情事物，却也统统算在了他们头上。

萧爽楼 >>>

我很怕麻烦人。

请别人帮忙，总要犹豫再三到了实在不能拖延的时候才开得了口。但凡能自己解决，绝不会张这个嘴。至于住到亲友家中这种事更是做不出来。一来择席，睡不惯别人的床。二来，始终是觉得是给别人添麻烦。

三白芸娘善解人意，虽贫寒，但骨有清气，若不是被逐出家门万不得已，也不会上门叨扰朋友。不过三白这位叫做鲁半舫的朋友似乎人如其居，有着非常爽气的性格，听说三白夫妇的遭遇，赶紧请他们到自己家中萧爽楼居住。

三白笔下，萧爽楼里那将近两年时间的生活，乍一看似乎也是惬意的，可细细读起来，这种惬意的表皮之下终是流动着一股忧伤。比如他和半舫的朋友们一起来聚会时——芸则拔钗沽酒，不动声色，良辰美景，不放轻越。

拔下钗环前去买酒来待客，还用了“不动声色”一词。

她默默地，什么也不说，自己就去买酒去了。按理说这本不是他们的事，聚集在鲁家，应当是鲁家的下人们去置办酒水。可他们已经住在了别人家里，这些人情上的小钱该用自然还是要用的。

他们的财务也确实紧张。来的时候带来了两个仆人，一个织布，一个做成衣裳，芸娘刺绣，就靠这个换些钱，应付开支。

有时候，即便没有钱也要尽兴，这就是文人的病。物质已经没有了，精神再没有，他们就吃了大亏，他们的生命就没有了意义。

芸娘自然懂。她什么都懂。她从来都和他心有灵犀。所以在这个众宾齐聚的时刻，她不动声色地拔钗沽酒，只因为她所爱的男人不愿轻纵一时一刻的光阴。

俗话说“螺蛳壳里做道场”，比喻没有条件就创造条件。

刚到萧爽楼的时候，他们觉得光线不好，芸娘就用白纸糊墙的老方法改善环境。窗下没有阑干，芸娘就用竹子搭了个架子，留出行走的过道，架子上垂上竹帘，也算是高明的主意了。这只是在“住”这一项上。别的地方芸娘也一样留心。

餐具上，一桌子盘盘碟碟摆下来，空洞又占地方。就为他准备了一个梅花形的碟子，每一片梅花的花瓣里放一样小菜，精致又实用。

至于他的衣服，都是芸娘亲自做。颜色多是深色为主，防止一时没顾得上整洁让他在朋友面前露怯。

方方面面都为他打点妥当，心细如尘，又擅于利用现有资源，可算是积极意义上的锱铢必较。所以三白一生无所成，和芸娘的宠溺也不无关系。

她太爱他，所以舍不得他吃一点苦，用自己的体温去焐着他。而他熔点又低，化成了水，是怎么也立不起来的。

这一日，有长辈辞世。三白前去悼念，芸娘也想去，就一同随行。

到了地方，三白去吊孝，芸娘留在船上。过了一会三白回来，却不见了她的踪影，向船夫打听，船夫朝不远处长桥下的柳荫努了努嘴，三白顺着遥望过去，原来她是和船家女在那里看鱼鹰捕鱼呢。

后来，大家一起回到船上，徐徐返航到万年桥下。

这又是一个落日如金的黄昏，水面波光粼粼的，像是扇面上散落的金粉。余晖染红了桥阑，远处的柳堤在烟水绰绰中逐渐暗淡岑寂下去。船上的窗子齐齐洞开，水面上清圆的风微微吹来，吹得绸衫也成了縠纹如水。丝扇徐摇之间，芸娘把先前浸泡在水里的西瓜取上来，剖开是成色极好的胭脂红，正好拿来解暑。

仆人正在船尾和船夫一起饮酒，因为那个叫素云的船家女曾经和三白一起吃过饭，就被叫到这边来和芸娘同坐。

没有点灯的船头以点点渔火和高高悬月为灯，朦胧之中，大家推杯换盏，行起酒令。这个叫做“射覆”的令素云没有听过，芸娘试着打比方好叫她明白，可过了半晌她还是不懂，三白笑道：“仙鹤呢，舞跳得倒是美，可惜不会耕地。牛就相反啦，会耕地，但是不会跳舞。你说要是有个老师去教仙鹤耕地或者教牛跳舞不是自寻烦恼么。”

素云笑着来捶他："你骂我！"

芸娘发了令："只准动口，不准动手。素云违规了，喝酒，喝大杯！"

素云一饮而尽。三白说："动手可以，只准抚摸，不准捶人。"

芸娘笑着来牵素云，推她到三白怀中："尽情抚摸吧。"

三白醉笑着解释："你不明白啊。抚摸在有意无意之间才有意思，你这堂而皇之地狂摸，那是乡下种田人才能干出的事。"

素云和芸娘都簪了花，且是茉莉。酒气熏透之后，花香与脂粉头油的气味混合在一起，浓香扑面。三白又打趣说："一股小人的臭味，恶心死了。"

素云赶紧又来捶他："谁让你一通狂嗅啊！"

芸娘立刻又喊道："又捶人了，罚两大杯。"

素云为自己辩白："他说我小人，能不捶吗！"

芸娘笑了笑，说："这个小人，是有由来的，你且喝了这一杯，我来告诉你。"

素云便喝了。芸娘解释给她听那多年前关于佛手和茉莉，关于君子和小人的往事。素云听了，斜觑了三白两眼，说："原来是这么回事，那是我错怪他了。"说着又豪气地自饮一杯。芸娘说："好早前就听说你歌唱得好了，能不能来一曲，助助兴呢。"

手拿碟儿敲起来，素云款击银盘，缓歌了一曲。那时，南唐内史舍人张泌的《河传》是最应景的。

渺莽云水，惆怅暮帆，去程迢递。

夕阳芳草，千里万里，雁声无限起。

梦魂悄断烟波里。心如醉，相见何处是？

锦屏香冷无睡，被头多少泪。

我第一次读到这边的时候，心里自然是疑问的。一个女人，带着另一个女人一起与丈夫嬉戏，还推她入君怀，请君抚摸，这是个什么心态？早些年其实也有过类似的事——看戏看得好好的，芸娘告诉三白说这里面有个叫兰官的伶人，长得很美。三白把兰官传来看了一眼，捉着她的手腕仔细地研究。

如此之类，是真的很纯洁，只当是朋友在一起玩笑？还是顺着毛摸，以丈夫的喜好为喜好？亦或者是因为离开了公婆的管束便可以放浪形骸之外，借着这个机会忘记被逐出家门的苦闷。

再读了两段，我找到了答案。因为这件事情被鲁半舫的夫人知道了，且是从旁人那里听来的，变成了另一幅情景。她问芸娘："听说前两天，你相公在床上召了两个妓女来喝酒，你知道这事吗？"

"当然知道啦。"芸娘先是笑，后来才解释说，"因为那两人其中有一个就是我。"

女人之间的谈话是微妙的。

鲁夫人没有向鲁半舫求证，因他若是知道了便会去问三白。女人私下议论男人们的事终归是不成体统的，那么外人眼里，她便成了长舌妇。她来找芸娘，也许是想看笑话，也许是表示与她亲厚，总之女人之间说起来是要容易些的。而芸娘回的这一句显然同样还以指向不明的情绪——你若是看笑话，我这话就是讽刺。你若是表亲近，那我们就开开玩笑。

所以她确实把这种男女旖旎的游戏看得很淡，并且乐于参与其中。也或者，她自觉被逐出家门，已然是于封建礼教不合的邪门歪道，那就索性坐实了这个罪名，放手去捕捉那些不受待见的欢娱，尽情享受被贬谪后游冶四方的乐趣。

只是那个时候的芸娘会不会想到，有一天，他会应了鲁夫人的话，真的徘徊于勾栏青楼之内呢。

喜儿 >>>

三白到广东去玩的那段时间，芸娘应该是坐在门前借着天光刺绣的。有一搭没一茬地同仆人们说话，听他们说乡间的故事。日头明灿灿的，菊花已经到阑珊，霜降之后，冬天就要来了。遥遥的，她听见鲁半舫和夫人在院落里说话，嘻嘻笑笑，很开心的样子，是戏里所唱的“赏心乐事谁家院”的意思。

她的目光从绣架上移开，移到万里云天之外，想她的三白何时归来。

女仆问她：“先生是同谁一起去的？”

芸娘说：“他表妹夫，秀峰。”

男仆说：“去了这么久，别是发了财，把夫人忘了吧。”

还没说完，女仆就瞪了他一眼。

芸娘搬了躺椅到廊檐下，边晒太阳边打盹。渐渐地就睡着了。

梦到他们一起洗手插素花。

三白喜欢插花，不喜欢盆栽。原因是家里没有花圃，不能亲手种植，只有从外面买。而市面上的花大部分太过芜杂，不入他眼。

她帮他甄选品相好的花，他来插瓶。他说颜色不能有两种以上，是为了气氛统一。要用阔口瓶，是为了让花朵有足够舒展的空间。至于花的姿态，要高低层次，互为依附。不然就成了“锦灰堆”。

他说一切都在于对画意的一种心领神会。

梦到他们用昆虫来点缀插花。

她说既然是把画意挪到实物上来，那么画中花枝多有昆虫做点缀，我们也应当有所表现。他为难了。若是捉来活的虫子，必然留不住，会爬去飞走。芸娘生了一计，做了昆虫的标本，再用极细的丝线系住它们的手脚，绑在花枝上，就栩栩如生，如同活物了。他透过花枝与微光，赞她是闺阁之中少有的悟性极佳的女子。

梦到他们一起做盆景。

记不得是不是和王二姑一起在扫墓时捡到的那种石头，总之花纹很好看。先前盆景里的石头是白色的，洒了油灰，色彩呼应之间十分匀称。三白说这次捡到的石头不能再和油灰搭配了。黄色白色混杂在一起，一股子斧凿的痕迹，不够天然。

她想了个好办法，把一些顽劣的石头捣成粉末，趁潮洒在灰色的痕迹上，等到干了以后，颜色也就差不多统一了。三白笑她，尽会想这种“诡计”。

参考她的方法，他们在宜兴窑出产的一种长方形的盆里垒起了一座山势倾斜的石峰，像是倪云林画石的笔触风格。留出来的一角，用河泥种了白萍上千瓣，石头上则种了青碧色的茑萝。

深秋，茑萝开满，绵绵绿色掩映山间，朱砂红的花朵成了绯衣美人行走山间。白萍也开出了水面，袅袅婷婷。屋檐底下，他们你一言我一语，商议着，这里应该建造一座水阁，夏季可以纳凉。这里建一座茅草亭子，冬天可以烤肉观雪。这里呢，应该题几个字，像是“落花流水之间”一类，是闲心闲情。在这里居住，在这里垂钓，在这里登高远眺。

像是真有这么一处现成的风景可以给他们移居。

好梦不长。有一天傍晚，猫从房檐上蹿下来抢食，“啪嚓”一声打破了盆景，连带着盆架都给弄翻了。三白握着她的手感慨：“唉，就是这样的一点小玩意都碍着老天爷了。”

这清脆的一声里，芸娘真的醒了过来。

暮色四合，密林幽寂，沉云低垂，烟霭重重。恍惚之间她闻到了米饭的清香，三白却依然没有归来的迹象。

在这萧爽楼借居的一年半载，他们过得是何种生活呢。无非还是像以前在沧浪亭一样罢了，秋月春风等闲度，醉一场梦一场，与世隔绝。

偶有三五好友来，也不过焚香烹茗，闲聊诗书棋画，绝口不提仕途八股。

她记得春天，菜花正黄的时候，她们去南园游玩。只是那里没有茶楼酒肆，只能赏景，不可饮酒，吃不上热饭热菜。

大家发愁之际，芸娘笑言：“只要凑齐了份子钱，明天你们只管吃酒。”

原来她是看到了街上一个卖馄饨的老汉，担子上有锅有灶，火炉也是现成。她就雇来了这个人，自己准备了些食材，到了那里现烧现吃。

到了那一天，柳丝长长，蝶飞花舞，众人衣衫鲜艳，穿行其间，俨然是春色的一部分。先煎茶，后吃酒，接着就大快朵颐，最后是杯盘狼藉。这南园春日让他们足足消耗了一日还嫌不足。至黄昏光景，三白想吃粥，便又吩咐老汉去买米煮粥。兴尽晚回，芸娘问大家玩得是否愉快。大家都说岂止愉快，没有你，也就没有这样美好的春天了。

三白玩得累了，早早睡去。她在灯下睃一眼他的睡容，补一回衣服。心中有所思，但千言万语也不必再说。这毕竟是她选择的生活，也是她向往的生活。只是总觉好景不长，后有风波。她能攥紧在手心的只是这一刻现世的安稳。

幽闺小槛春光晚，柳浓花澹莺稀。旧欢思想尚依依。
翠嚬红敛，终日损芳菲。
何事狂夫音信断，不如梁燕犹归。画堂深处麝烟微。
屏虚枕冷，风细雨霏霏。

这是顾夐的《临江仙》，她正念到“何事狂夫音信断，不如梁燕犹归”的时候，三白从广东回来了。表妹夫秀峰亲自送他回萧爽楼，她遥伸纤手上来挽他。却见轿子上又盈盈下来一位女子，秀峰介绍说，这是他刚纳的妾室。

鲁夫人过来隔壁说笑，低声谈起秀峰的小妾。芸娘说：“美是美，就是少了点风韵。”

秀峰在走廊外隔着窗户听见了，便问：“如此说来，以后姐夫找小妾一定是要美而风韵的咯？”芸娘也不忌讳，边做事边应道：“没错啊。”

鲁夫人笑了笑，对她的性格已经见怪不怪了。

秀峰也笑了。

芸娘只当他听她如此说话，觉得新鲜。未想他是笑她不知——三白在广东时看中的扬州帮那个名叫喜儿的雏妓姿色也一般啊。

三白在内间也听到了，虽是和朋友们说着话，但也回眸一眼，投以一笑。

他不知道，择菜烧水中的芸娘倒是认真了，已在为他择妾这件事上留下心神。

憨园 >>>

这个叫憨园的女子又是一个雏妓。又是粉扑扑的二八年华。原文中用了“瓜期未破”、“亭亭玉立”两个极少女气的词来形容她。又有她美人迟暮的母亲作为陪衬，显然一枝含雨带露的花。且这女孩子大概气质极冷亮，三白又以“一泓秋水照人寒”之句作比。

偏巧不光是以色事人，又有些文化涵养，举手投足之间，风韵尽显。

总之样样都很合三白的心意。

她母亲叫温冷香，是浙江来的名妓。未见面前，坊间纷纷传言，说她姿色过人。这个携三白来拜访她的友人在此之前也大为渲染，说她有才情，把她的《咏柳絮》拿给三白看，请他和诗一首。

这个温冷香想来也是自视甚高的一个女人。写什么题材不好，偏偏写柳絮。东晋才女谢道韫正是因为一句“未若柳絮因风起”而被后人称为“咏絮之才”。温冷香作此诗，未必不是看惯了风月场的浮夸，而想用才华来标榜自己。推算起来其实也能反映出她的年龄了。不过三白当时没有细想，只是细细地拜读了她的诗作，并且和了两句。

触我春愁偏婉转，撩他离绪更缠绵。

这一天，他带着这首诗便来了。原以为真如友人所夸的那样，温冷香是个美艳无双的女子，谁知竟然已经徐娘半老，而且连孩子都大了，有一双女儿叫憨园文园。

这个唤作憨园的，一下子就揪住了三白的眼睛。可他并没有轻举妄动。

因为这一年，沈老先生依稀知道了当初父子公媳之间的矛盾乃是一场误会，就去萧爽楼找他们夫妇，并且接了回来，大家冰释前嫌。刚刚得到了父亲的谅解就在外寻花问柳似乎有些过分。再者，他出自寒门，温冷香又不是那种倚栏抛袖的下三流妓女，她深居简出，修身养性，待客的条件明码实价，他也应酬不起。

这点，搭线的朋友倒发话了："只要你喜欢就行，别的都不用考虑，有我呢。"

三白放下了心，与他们一同乘船出游。

船到半塘，恰巧碰上了沈夫人的船。若是被发现船内有女子反倒不好，三白索性主动把憨园领上船去与他母亲及芸娘见面。偏巧芸娘又与她相见甚欢。两个人一起携手同游，先是在千顷云逗留，复又到野芳滨饮酒。

返航回到都亭桥，两条船就要往各自的方向去了。夜间回家，芸娘说："我和她约好了，明天让她来家里玩。我帮你把她说合到手。"

三白一愣：“我一个穷鬼，可没这么想过。而且有你就够了。”

芸娘笑了笑，说：“我自已本来也很喜欢她啊。你别管了。”

关于为丈夫讨小老婆的这一段，我初读时觉得很郁闷。

要说是三白本身有需求，她帮着张罗也就罢了。愚昧如《红楼梦》里的邢夫人，替贾赦向老太太讨鸳鸯，那也是贾赦先起了念头，她才去做这个挡箭牌的。这里三白自己不上心，芸娘倒念念不忘，就很难理解了。

芸娘聪慧雪灵，不像邢夫人那么迂腐。巧在她和三白是一路人，在审美等等方面从来心思一致，看事看人都是如此。他所醉心的往往也是她的钟爱。对这个憨园，芸娘可能真的挺喜欢的，毕竟从上文三白的描述看来，她的姿色着实讨喜。

可若不喜欢，那这件事，也许就是她的策略了。一者，对于男有妻眷数房这种事，女人从来插不上嘴，“主动请缨”比“默默观望”看起来要更大度一些。这也算是驭夫有道吧，缰绳的松紧舒适，婚姻才能驰骋得更久。二者，他们刚刚得到沈家老夫妻的原谅，她必须极尽所能拿出自己的贤惠劲儿来。而“贤妻良母”中的这一个“贤”字更多的时候也是在这一类事情上才能有所展露，那便顺水推舟好了。

次日，憨园真的来了。三白以为芸娘真的要说合他们，可酒席从始至终都没有一星半点撮合之类的话。憨园走后，芸娘才说：“我跟她又密约了，十八的那天，她过来。我们要结拜。你准备点祭祀的用品。”她想了一想还是把她们密约的细节也吐露了出来，“看到我手上这只翡翠臂钏没有，到了那一天，要是上了憨园的胳膊，事就成了。”

一切都有条不紊地进行着，不突兀，不累赘，按部就班，妥妥当当。

没错，就是开篇提到的那只翡翠臂钏，后来果然戴到了憨园的手上。娇滴滴如春日黄莺一样的憨园从内室出来了，脸上挂着微羞的绯红。于是，三白知道，事已将成。

三白问芸娘：“这不是活生生一出《怜香伴》吗？”《怜香伴》是清人李渔写的一个故事，里面有一段是崔笺云说合乡绅小姐曹语花给自己的丈夫做妾。

芸娘说是啊。

从这一天起，他们之间的话题就离不开憨园了。

只可惜，不久之后，憨园被权势之人抢了去了。芸娘为此一病不起。

风波恶 >>>

接下来，噩运正式起航了。像是山雨欲来，躲都躲不及。

芸娘原有血液方面的疾病。人说，万病皆从心病起。日子过得美满，再顽劣的疑难杂症也能药到病除。反之，生活不顺心，没病也要气出病来，何况向来有宿疾。这时，屋漏偏逢连夜雨，芸娘的弟弟突然又离家出走了，音讯全无。她母亲想儿子又想得茶饭不思，终于也一命呜呼。娘家唯一重要的亲人都不在身边了，这血液病一下子就重犯了起来。

加上憨园又突然成了别人的人，芸娘的病势更加溃如山倒，便日渐消瘦，形神支离了。

三白劝她："婊子无情，戏子无义。看破些吧。更何况，她温憨园锦衣玉食惯了，到了我们家，荆钗布裙，未必适应得了呢。塞翁失马，焉知非福呢。"

这时候的芸娘已经听不进去任何劝告安慰，总觉得是被人戏弄了。且莫说这是她为他物色的房里人，她自己也是喜欢她的呀，不弃她青楼的身份，月下烧了香盟了誓，菩萨面前磕了响头的。这样竟成了什么。为此郁于五脏，她茶饭不思，长日卧床。

三白此时无业。在家附近摆了个书画摊子。芸娘诊病，开销不免庞大，这就显然入不敷出。到了冬天，连件御寒的衣服都没有，儿女也跟着受冻，但是怕父母担心他们，也就强忍着说不冷。芸娘实在不能忍心，索性断了汤药。还接了一单活——绣一部《心经》。长远考虑，为着抄经绣经能消灾解难。放眼当下，也是因为这活计的工钱不菲。连日带夜，只花了十天就绣成了。可也因为劳累操心，而添病加症，沉疴难愈。

他们第二次被逐出家门的导火索和第一次的有些类似——给借钱的人作保，借钱的人跑了，债主上门来讨。只是第一次是芸娘作保的，这次则换成了三白。债主是西域人氏，人高马大，一副大嗓门，在门外高声呼叫。

内室，芸娘病卧在床，时常要唤汤唤水，早就惹得仆人们不悦了。加上憨园的事已经被老夫人知道，对于她和妓女结拜，也被认为是出了大格，难以宽恕。

此时，外面忽然通传有芸娘少年时结拜的一位好姊妹派人上门来探病。沈老先生本来误以为是憨园的人，破口就是一顿骂：“你媳妇不守闺房妇道，和一个妓女结拜。你又和小人结交，搞得人家要债要上门。我们好歹是有些脸面的人家，但是都叫你丢尽了。我要置你们于死地，心里不忍，但是欠的债，你自已想办法，过了三天还是解决不了，就上官府治你个忤逆之罪。”

芸娘在里头听到了，声泪俱下，说了这样的一句话。

妾死君行，君必不忍。妾留君去，君必不舍。

公公要治他们的罪，要他们死。可是怎么能死。一双儿女尚未成家立业，他们岂敢图个清静撒手人寰。若是留下一个苟活，另一个又如何成活。

芸娘强撑起来，让女儿青君请那位受指前来的仆人进来。原来竟是她小时候的干姊妹，现在已经嫁到锡山的夏姐姐派了人过来。

来人说："主子早就听说夫人你身体不大好，本来想亲自过来的，但是之前没有往来过，怕莽撞了，就先派我来打探一下。主子吩咐说，如果夫人不嫌弃乡下条件差的话，不如去我们那里养病，可以兑现少时灯下的诺言。"

这诺言是她们做姑娘时许下的——如果一方有难，另一个一定要扶持她。

锦上添花纵然热闹，雪中送炭确实难得。芸娘当下就嘱咐她："回去禀明你家主子，有劳她两日之后派船悄悄来接我。"

来人走后，他们又立即部署了一下接下来的安排。尽管夏姐姐不忘幼时恩情，胜似亲姐们，但是如果拖家带口地去实在不好。一双儿女必须要托付给别人。

女儿青君年纪尚有，但是也只有先到别人家中做童养媳。好在他们有意的这户人家是三白的表兄，家中独子虽无长处，可人尚算老实。

儿子逢森就托付给朋友，请他推荐去学习经商之道。

子女安排好了，夏姐姐家的船也来了。

芸娘觉得他们夫妻单独远行恐招邻居非议，而且若是被西域的那个人瞧见了，一定也会从中作梗不能成行。所以决定次日五更，趁着天未破晓，轻轻离去。

三白担心她的体质受不了五更寒，但是芸娘坚持说：“生死有命，管不了那么多了。”

这一夜，先取了半担行李上船，其余的次日黎明随人走。三白叫儿子逢森先去睡，留下了女儿青君说了一会话，不过是临别前的叮咛。

帐帷松软地垂着，荧荧一灯像是风一吹就要灭了。欲断未断，和他们这一家子的情景一样。芸娘揽过青君到身边来，嘱咐她：“我命苦，又痴情，所以难免会落得今天这样的下场。还好有你父亲，而且这一趟行程都已经安排妥当了，没有什么好担心的。团圆终会有期的。我只是放心不下你和你弟弟。你还小，他更小。你要给他做榜样。去了婆婆家，要勤恳侍奉，让他们高兴，不能学我。逢森太小了，我们都没和他说。明天走，我们只说是去求医。等我们走远了，你再告诉他事实。”

青君伏在芸娘腿上流泪，这缱绻时刻，连哭声都是寂静的，只有烛火在摇晃。

昔日曾经租赁她的瓦舍过了一段归园田居清闲时光的那位金婆婆那时也来了。她熟悉去锡山的路，主动来送他们夫妇一程。听了这话，也是老泪纵横。如夏姐姐一样，越是关键时刻，越是非亲非故的人站了出来。

像是上天故意把血缘的薄弱与荒谬撕开来给世人看。

五更时，金婆婆起来做粥，盛了几碗分付与大家吃。芸娘捧着粥久久未动筷子，怔怔地望着米粒出神。过了好一会，才强撑起笑颜，说："那一年，因为一碗粥结缘。今天，又是一碗粥，却要离散了。说起来，真是好长的一段故事啊。可以写一出戏，叫《吃粥记》。"

如芸娘所言，往日情景，雪泥鸿爪，呼啸而过。好像那一年的事真是昨天的事，或是昨夜的一场梦。她被众人取笑，专门藏着粥等他，绯红双颊，如樱泣露。

三白想了想，真是很久了呢。

迷蒙之中，逢森听到了他们说话的声音，也揉了揉惺忪的睡眼，下床趿着拖鞋来问芸娘这么早起是要做什么。芸娘按原先的计划告诉他，是去诊病。又说路途遥远，让他和姐姐在家要听话，不要惹祖父祖母不开心。看他半信半疑的，又补充说过几天就回来了。

鸡鸣三下，时不我待，即将出发。芸娘由金婆婆搀着，满眼蓄泪地从后门走了。逢森倚着门大喊起来："妈，妈妈，你是不回来了吗？"青君也是泪垂，但到底年长，怕惊扰别人，唯有捂住逢森的嘴巴，低声劝慰。三白夫妇柔肠寸断，可除了极力安慰他，别无他法。

时间耽误不起，他们匆匆起行。

芸娘走了一段路走不动了，三白就背她。路遇巡逻的人，被截下来盘问。金婆婆急中生智，说芸娘是她的女儿，生病了，由女婿背着去瞧大夫。夏姐姐的佣人在船上听到了动静，前来接应，这才解了围，大家相扶着上船。

上了船，解了缆绳，开了船，雾蒙蒙的姑苏城渐渐消失在视野中的时候，芸娘才伏在三白肩上大哭了起来。这悲痛不知是因为背井离乡，还是她用自己得天独厚的母性预测到，这将是她和儿女们的永别。

锡山 >>>

锡山在今天的无锡市，离苏州很近，是个幽僻少人的好地方。

在唐朝诗人陆龟蒙的诗作中有好几首是描写锡山风光的。其中有两首，叫做《和袭美怀锡山药名离合二首》。

鹤伴前溪栽白杏，人来阴洞写枯松。
佳句成来谁不伏，神丹偷去亦须防。
萝深境静日欲落，石上未眠闻远钟。
风前莫怪携诗藁，本是吴吟荡桨郎。

风光无限好，只是心寂寥。再美的风景，少了赏景的情致，也是无用。好在夏姐姐和芸娘自幼相识，久别重逢，也算相见甚欢。夏姐姐早早地等在家门口，与芸娘相携着返家。邻家妇孺听说有远客来访都争相出来问候，叽叽喳喳，交头接耳。芸娘看着乌压压的一屋子人说："像是入桃源一般了。"

夏姐姐说："乡下地方，没见过什么外人，妹妹不要见笑了。"

至此，芸娘安心静养，身体渐渐调养得宜，过了元宵节已经能外出活动。

夜间，芸娘说想去打场的地方看乡亲们耍龙灯，三白便陪她同去。

金锣铜钹，火树银花，小小山坳里的不夜天。芸娘的脸被火光辉映出了吉祥欢喜的颜色。三白知道她的身体元气终于逐渐恢复了，就和她商量接下来的路要怎么走。因为他作为男人寄居在此始终不是长久之计，想着外出做些生意，可又没有盘缠经费做本钱。

芸娘想了想说："有一年，你姐夫惠来跟你借过十两银子，记得么？"

三白记不清了。芸娘提醒他，说他们那时其实也没什么钱，她还把一枝珠钗典当了凑给他。芸娘说，靖江不远，姐夫就在那里，不如去要来应急。

这是初春时节，三白听他的话便上了路。这一路可真算是煎熬了，翻山涉水，行车艰难也就罢了，还遇上了突降的大雪，又短了路费，挨饿受冻，凄惶不堪。

幸亏偶遇了一位曹先生，是他以前在泰州游幕时的一位故旧。为他付房钱，请他吃酒，送他上船，一路送到靖江找到了姐夫惠来。这就是我在最前面提到的另一大幸事——他乡遇故知。算是帮了他一个大忙。

在靖江，惠来说即便没有以前的旧账，郎舅现在落得如此也该帮一把。只可惜他做盐运生意，而运盐的船被海盗劫持了。

只能先筹措二十块银圆给他。三白本就无多期望，拿上钱就回来了。到了家，一进门，芸娘就说："遇着雪了吧，我担心死了。"听他讲明来去经过后，又摸摸心口，说多亏遇上了曹先生，可算吉人天相。

又过了几天，传来儿女们的消息，青君即将去婆家，逢森也被领去了商店学手艺。虽是各有着落，但一家子四处离散，这也只是一点小小的慰藉，终究抵挡不了大的凄凉。

二月里，三白用从靖江那里筹措来的钱去了扬州，请盐政署的旧交胡先生帮忙，进了局里做事。次年八月，芸娘来信，说在夏姐姐家居住只是应急，现在病况略好些，也想到扬州来陪他。三白就租了两间临水的屋子，回锡山来接芸娘。临行前，夏姐姐给了他们一个粗使的小丫头，好协助芸娘做些家务活计。

在扬州好容易安定了下来，突然局里裁员。三白是朋友的朋友引荐的，自然最先下岗了。断了经济来源，生活再次陷入困境。窘迫之间，芸娘旧病复发，三白决定再去靖江找姐夫惠来求助。

亲弟弟出走，公婆下逐客令，小叔子诽谤谗言，在这一系列的打击之下，芸娘已经对亲眷失去了信心，劝他："求亲戚，还不如求朋友。"无奈昔日的朋友们也大多赋闲在家，也是泥菩萨过江自身难保。三白还是决定去找姐夫。

芸娘抬头看了看天，说："好在日光晴好，没有上一次那样的雨雪阻碍。你快去快回，不要担心我的病。要是你的身体再牵挂出病来，我的罪就更深了。"

这心思是相互的。三白也不希望她担心自己。明明已经没钱的他，还佯装雇了骡子，实际上是一路步行。途中没有住宿的地方，只有个破庙落脚，还是土地庙，仅仅能塞进半个身子。就是这样，也因为劳累很快睡着了。后来越过无数土山，又搭了途中的便车，艰难辗转到了靖江，却被姐夫府上的门卫通知说他们老爷不在家。三白见他面有推脱之色，就问何时姐夫能回来。说不知道。

一路艰辛，身心俱疲，却受到这样的待遇，文人的架子全都没有了，他朝地上一坐，说："没事，我等他。哪怕一年，我也等。"

门卫看出了门道，问："你是他的亲郎舅？"

三白说是。门卫便让他等几天。几天后，惠来回来了，这才借到了二十五两银子。因为牵挂芸娘，也无空休息，他又急急地回扬州去了。

沧海巫云 >>>

如果这一生可以从头来过，不知道三白会不会选择换一种方式。

人，还是给他芸娘这个人。但为这个人能不能过另一种生活。比如走上仕途，或者早早经商？让这一房娇妻不用受这么多的苦和罪，哪怕违拗自己的心愿和向往去经营一份自己不喜欢的事业，这种的人生他愿不愿意去过？

这都是假如。假如前面毕竟有个“假”字。纵然天马行空，无限美好，也不可能成为现实。而且，这虚构命题的答案也无从知晓，因为昔人已乘黄鹤去，如花红颜转头空，就连这一册浸染着草木清香和红尘苦楚的《浮生六记》也已成了故纸堆。

三白从靖江归来时，芸娘正在屋里哭泣。她一抬头，三白被她的仪容吓了一跳，消瘦枯黄犹如垂死花枝。一问原因，才知道夏姐姐给他们的那个丫头卷了家里值钱的东西跑了。

芸娘四处托人找都无果。因这小丫头来扬州前，她母亲再三请芸娘关照，芸娘生怕她过江回家，她父母藏起孩子来讹诈。况且也觉得无颜再见夏姐姐。

三白安慰她："我们不过是两个肩膀扛着一张嘴的人了，没什么可诈的。这个丫头，我们有一口饭也要匀给她半口，衣裳也都捡好的送给她。街坊邻里谁不知道。只是她被猪油蒙了心，落井下石。现在想想，走了倒好。不然将来指不定会有什么大灾祸呢。至于夏姐姐，她给你的人竟然是个小偷，该是她无颜见你才对。"

芸娘听了，心里略好了一些。

不过从这时开始，她的身体再度节节败退。

日后，在梦里，三白常听到她在枕边呓语："丫头跑了，丫头跑了……啊……憨园啊，你为什么要背叛我啊，憨园……"

三白掌了灯，起来给她倒水喝，劝她还是找个大夫看一看。

芸娘慌忙阻止，依着靠背，气若游丝地解释说："这病来得就猛。打开头是因为我弟弟走了，妈也死了，心痛的。下面又是各种情痴缠绕，悲愤交加，能不加重吗。我从来都想做个好媳妇，这你知道的。可是，怎么都做不好，怎么做都是错。头晕目眩，心悸腿软，什么病也就都跟着来了。人常说，病入膏肓，医术再高明的大夫也是没有办法的。别再花那些冤枉钱打水漂了。我有时候细想我们走过的这二十三年，云烟似的。多亏了你的错爱，我这么顽劣不堪，都没有抛弃我。因为有你，我已经没有遗憾了。如果衣食无忧，人伦团密，能寄情山水，像是往昔在沧浪亭和萧爽楼里那样，简直就能算是人间神仙了。唉……神仙要修炼多少世呢，我哪儿敢奢望呢。可是今天这样的下场，到底是因为你多情，还是我命薄呢。"说到这里，芸娘潸然泪下，泣不成声，半晌又幽幽叹道："人生百年，终有一死。可今天这样半路就分手作永别，不能再接着服侍你茶饭起居，不能看到逢森娶妻，我心里不甘啊。"

三白不知道她为什么会说这么多，只是耐心宽慰："病了八年了，大风大浪都过去了。好好的，干吗说这些。"

芸娘双目放空，凝视着头顶的房梁，凄惶起语："我这几天常常梦到父母亲，他们驾着船来接我到那边去。我就跟着他们走啊走啊，脚底下软绵绵的，行云踏雾一样。大概，魂魄早就去了，剩下的这个只是躯壳而已。"

三白说这是神不守舍，要给她开药，给她调养。

服药后虽稍好了一些，芸娘心里也知道自己这段缓冲已是垂死前的昙花一现，便振了振精神，留下了让他痛不欲生的哀婉遗言。

妾若稍有生机一线，断不敢惊君听闻。今冥路已近，苟再不言，言无日矣。君之不得亲心，流离颠沛，皆由妾故，妾死则亲心自可挽回，君亦可免牵挂。堂上春秋高矣，妾死，君宜早归。如无力携妾骸骨归，不妨暂居于此，待君将来可耳。愿君另续德容兼备者，以奉双亲，抚我遗子，妾亦瞑目矣。

我要是还有一点生机我都不会说出这些让人害怕的话。我知道，黄泉路就在脚下了，有些话再不说以后没机会了。你不得父母喜爱，过这种流离失所的生活，都是因为我。我死了，他们也就能原谅你了，你也算了了一桩心事。父母亲老了，我死了之后，你要早点回去啊。要是我的骸骨不方便带回去，那就先留在这，等到以后有机会了再说。你要做的，是再选一位品德姿容都好的女子作续弦，把公婆服侍好了，把我的孩子照顾好了，我也算死得瞑目了。

长长一段，一声一叹。说这是临时想到的话谁都不会相信，你由此可见，她带着这样的一份遗言，托着疲惫的病躯，苟延残喘，朝不保夕，终于行至水穷。

三白大为惶恐："你要是像这样半路离我而去，我怎么会续弦，曾经沧海难为水啊。"

芸娘伸出颤巍巍的一双手来，握住他，嘴中还是念念有词的，只可惜仅仅是些气声，三白凑近了听，原来是"来世"两个字。他忽然就想起了早年的那些岁月。他们用胭脂色的信笺互写密信，声声唤我妻，口口应我婿，最后的落款之上，红艳地盖上那枚鸳鸯印——愿生生世世为夫妻。可惜真的来不及了，她就要走了，那最后的一口气像是即将散去的涟漪一样在她的喉头荡漾着。芸娘的双目圆睁睁地看着他，最后两行清泪陡然落下，终于撒手而去。

这是嘉庆癸亥年三月二十日。

他曾经疑惑过，世间的夫妻有的相伴一生到老到死都还在争斗仇视，他想不通为什么。现在看来，相视如仇固然不可，可情深意长也有笃情的悲哀，正应验了那一句——恩爱夫妻不到头。

对于这种哀伤的结局，其实他曾经有过无数次的揣测，像是神外之境有人告诉他，他们必然不能共白头。就像那一夜在沧浪亭里，欲要月下相酌，最后却乌云遮月。芸娘起誓，若能长相守，月亮必然会重放光芒。这是提前书写下的一个大大的问号，到了今天，那个疑问的弧度慢慢僵硬，成了惊叹号。

民间历来有亡魂回煞的传说，到了那一夜，旁人都劝他不要留在屋里。三白如何能肯。

掌上一灯如豆，他悄然入内室，环顾左右，静静寻觅，可哪有芸娘折返回来的亡魂啊。只有家什摆设还是以前她在的样子，可惜姣姣音容已随清风去，不免又是一阵伤心泪。

泪水淋湿双眼，眼前一片模糊，他坚持睁大了眼睛，坐在床边，等待着她的归魂。

抚摸着芸娘的遗衫，闻着熟悉的气味，他竟恍恍惚惚地睡了过去。迷蒙之中又怕芸娘回来的时候不忍心打扰他，赶紧又一个激灵坐了起来。此时只见蜡烛的火焰透着一股幽微的青色，仔细看一看，它正在逐渐升起，最后竟然蹿到一尺多高，差点燎着了房顶上糊的纸。

他以为是她来了，就轻轻地唤她："芸，芸啊。"一边呼唤，一边在心内为她祈祷。

房间里静寂无边，什么都化为虚有，只有那两股来自天上和人间的神思在对流。

过了一会，烛火渐渐缩小如先，一切又恢复成起初的样子。

遗事 >>>

芸娘走了。任何事都不再值得开心或者悲哀。

芸娘让他“另续德容兼备者”。他怎么会呢。他这一生可以说只爱过她一个人。

对于书中提到的那些女子——伶人兰官、船娘素云、迟暮名妓温冷香，他从来都是抱着审度的眼光，只是在欣赏她们的美而已。这和欣赏壁画上的飞天没有区别。至于温憨园，他的喜欢是冷静的，前瞻后顾，分条缕析，并不赞成娶她做妾，这也就谈不上是喜欢。而那个他和秀峰同游广东时结识的扬州帮雏妓喜儿，他也只是用简简单单的五个字就概括了她的姿容，概括了他喜欢她的原因——类余妇芸娘。

他回到了家，只可惜父亲也亡故了，家业尽数落入弟弟的手中。

他本无心抢，只觉心寒。那一年，弟媳出嫁，少了一枝珠花，芸娘把自己定亲收到的彩礼里的一枝拿了出来赠送给她。这等大礼连仆人看着都觉可惜，唯有她笑盈盈地说：“女人就是纯阴的，珍珠更是纯阴的精华，阴气这么盛，把阳气都克了，有什么好可惜的。”说完便为弟媳簪上，毫不吝啬。

未想日后竟是以怨报德的结局。

从此，他自号梅逸，悠游人间，如闲云野鹤。

路过扬州的时候去给芸娘扫墓。周围的墓都结着蔓蔓黄藤，唯有芸娘的墓，徐风荡荡，碧草青青。有时，他在暮色中遥望南方的天空，在那被黄尘烟火熏染得有些发旧的霞光里，他像是能看到芸娘的影子，看到她的眉眼，美目流盼，巧笑嫣然。鬓角一朵茉莉，是浓酽酽居家过日子的样子。

他饮了酒卧倒在初开的梅树下。缥色花瓣落满怀，衣衫褶皱里残留着余香。

在夕阳的余晖里，即使闭目，眼中仍有一片绯红，绯红之后，他梦到芸娘在灯下绣花，针涩了，便提起来，在头发里擀两下，接着绣。双颊被灯映成山里的桃花。

梦到我取轩的夏日桐阴，梦到沧浪亭的月夜。

梦到仓米巷里和二姑六姑说笑，大家在一起热热闹闹的辰光。

梦到芸娘熬制酱瓜和腐乳，让他也慢慢喜欢上了这些甘淡的小食。

梦到和芸娘一起收集残破的书画，旧书重新穿订，旧画重新装裱，谓之曰“断简残编”和“弃余集赏”。

梦到在金婆婆的乡间度过的一段无忧无虑的蛰居时日。

梦到那一年，在水仙庙里女扮男装令人捧腹的趣事。

梦到芸娘把沉香放在饭锅里蒸透，然后放在火炉上方的架子上慢慢烘烤，香而无烟。又梦到她在荷花闭合之前把茶叶放进去，等到再开时取出，用雨水煮茶，清然甘美，犹带荷香。

最后梦到的，是一件他几乎要遗忘的事了。

他曾经对芸娘说："可惜啊，你是个女人。你要是男人的话，我们可以结伴出游，走遍人间名山大川，胜迹古景，多惬意啊。"

芸娘的眼珠子灵动地在眼睛里转了转，说："这有什么难的。等我们老了，虽然去不了远的地方，可近处的虎丘灵岩，西湖平山，都可以一起去啊。"

他说："你老了，两鬓斑白，恐怕腿脚都不利索了呢。"

芸娘说："即便这辈子不能如愿，我们就期待来生嘛。下辈子一定达成这件事。"

他笑了笑，说："下辈子你做男人，我做女人，我跟着你。"

芸娘想得更有趣，说："那个时候一定不能忘了这辈子的事，对照着才好玩呢。"

他大笑起来，说："小时候一碗粥都有那么多的话可说。要真到了那个时候什么事都记得一清二楚，新婚之夜就别合眼了，有的说呢。"

芸娘说："月老掌管人间婚姻，今生来世都只有托月老的福才能走到一起，不如请人画一幅月老像，来供奉呢。"

于是一幅惟妙惟肖的月老像就从朋友那里画成了。他们每逢初一十五，都在像前焚香点烛，祈求月老的庇佑，祈求来生的相遇。

是啊。这一生未完成的长相厮守的誓言只能留到下一世去实现了。头顶的神若看见此间的涓涓痴情，风月场上人来人往车水马龙也仍会叫他们相见。

她还是敛眉微笑，他还是风起青袖，两下里电光火石一心惊。

原来这一刻真的就凝固在了天长地久里，原来生生世世为夫妻的诺言真的光顾了红尘的所有瞬间，便得以，让他们在这里重遇。

解语花

冒襄与小宛｜金陵｜影梅庵忆语

他渐渐恍惚，以为会在落花潇潇的暮春时节与她重逢。

他可以握住她的手，可以捡拾花瓣放在她眉心。

一条河 >>>

如果让你以“金”字遣词造句，你会如何编排这个字眼呢。

金粉，金箔，金丝鸟，金声玉润，三寸金莲……无一不是纨艳风流，绮靡浓厚。

那么，“陵”呢。

陵墓，陵寝，守陵人，广陵散绝……却字字敦肃，清穆俨然。

可是这两个字放在一起，参差对照之下又是那样和谐，像宝光初绽的宫粉梅花枝上压着寂寞的千层雪，像寥落的天帷之下飞过机灵灵的一群翠羽朱喙雁。

它有艳的颜色，也有哀的姿态，合并在一起，就是“哀艳”这个词。

这座城市从前的名字就叫金陵。

我假想在江湖上，两叶扁舟萍聚，竹帘一卷，停船暂借问。公子问：“小姐哪里人。”

小姐敛眉说：“奴家金陵人氏。”

公子大喜，拱袖说：“小生也往金陵赴试。”

下面什么话都不用再说，光听“金陵”这个名字，接下来的情节必然是与风月有关。

金粉未消亡，闻得六朝香。

这是上天专门为风月建造的城市，用以收纳尘世间芬芳馥郁的女怨男痴。不然，那一位姓曹的先生，为何不写广陵十二钗，毗陵十二钗，单单写金陵十二钗？把那些数不尽的风月韵事尽数藏入一面宝鉴之中，让那懵懂的绛洞花王上天游览一遭，得窥玄机呢？

我在这个城市生活了整整四年，坦言说，对现在的它总是怀有一种失落。

曾有人问我："知道我们这里为什么只有一日游吗？"我懂他的意思。去今时今日的乌衣巷走一遭，那无论怎么找角度拍照都掩藏不住的空调外机就是最好的答案。

这座城，什么都留下了，又什么都没留下。空荡荡颤巍巍的花架子，也只有叫那些慕着六朝古都名声千里而来的游客们蜻蜓点水地看一趟便扬长而去。

可这又不能怪任何人。数百年前的王朝江山风雨飘摇，北方蛮夷之族的铁骑带着关外苍原的腥臊之气莽撞踏来，风景旧曾谙的江南花容失色，之后便命运多舛，一路流离。又是混乱的天国统治，又是残忍的举城屠杀，这些属于礼仪之邦文明的粉垣黛瓦在刀光剑影和火炮连天中一次一次地被损毁，又一次一次地被修复，苟延残喘地存活了下来，得留一个稀薄的背影，已是不幸中的万幸。

我想，若是没有在微雨之间江南贡院的金字招牌下徘徊过也罢了，若是没有逡巡于白日暄亮波光粼粼的秦淮河畔就算了。也许便不会失落。

失落，是因为失去了怀想，落空了期望。

可能你我一样，最早听说秦淮河是在杜牧的《泊秦淮》里。

烟笼寒水月笼沙，夜泊秦淮近酒家。商女不知亡国恨，隔江犹唱《后庭花》。

千年岁月里赢得青楼薄幸名的樊川居士是不是如他诗作中所说的那样，在歌楼画舫上邂逅了不知朝暮纸醉金迷的艺伎，今时今日已不得而知。不过却可以通过这根线索依稀望见那一条从六朝蜿蜒流淌过来的长河在女子们数百年胭脂水的滋养下焕发出的熠熠容光。

它缓缓地流过每一处佳人下脚的小码头，把坚硬的石基都打磨得如青玉般温润。灯影微光下，吸附于石基招摇于浅水的青苔藻荇是这条河流的毛细血管，为它输送养分，让它树大根深。

一条河能够闻名遐迩不是因为风景而是因为女人，不是因为清澈而是因为浑浊，这大概也只有秦淮可以做到。与它有关的传奇多得如同入夜时分两岸次第点亮的灯，一家一户都是一个源远流长的故事。

她只是其中之一。

论贞烈她或许不及李香君，论知名度又尚且不如陈圆圆，但她在那个花月春风的年代却独有自己的一席，缘来故去，皆因为这一个“宛”字。

名叫宛君 >>>

小宛是她的字，她原名董白，又因为喜欢李白所以取字青莲。崇祯十二年，她和这个叫冒襄的男人初遇。

那年初夏，冒襄到金陵赶考，复社好友方以智告诉他，说金陵城现在有个名妓了不得，色艺双绝，艳冠秦淮啊。

又是一个赶考，然后结识红粉的故事。我知道，读者听得都累了。可是在那个年代这确实是极为普遍的事，尤其在金陵。当时的贡院和最繁华的红灯区仅仅是一水之隔，此岸书声琅琅，彼岸艳帜高张。余怀的《板桥杂记》就记录了当年两岸来往酬答的盛况。

旧院与贡院遥对，仅隔一河，原为才子佳人而设。逢秋风桂子之年，四方应试者毕集，结驷连骑，选色征歌，转车子之喉，按阳阿之舞，院本之笙歌合奏，迴舟之一水皆香。或邀旬日之欢，或订百年之约。蒲桃架下，戏掷金钱；芍药栏边，闲抛玉马，此平康之盛事，乃文战之外篇。若夫士也色荒，女兮情倦，忽裘敝而金尽，遂欢寡而愁殷。虽设阱者之恒情，实冶游者所深戒也，青楼薄幸，彼何人哉！

那些一般的读书人，十年寒窗苦读，一心考取功名，无奈楼台近水，莺歌燕舞，也有心猿意马的。更何况冒襄之流是复社公子，已经闻名在外，风流倜傥，出身世家，英俊多金，怎么可能在这些坊间韵事里少了他们的踪影。

不过不凑巧的是，他兴致勃勃地跑去了小宛的寓所，却遇上个铁将军把门——她带着一家老小搬到苏州去了。原因是“厌薄纷华”——她讨厌金陵城的繁花纷乱，想着到姑苏去过一段时间的清净日子。

扫兴的不光是访佳人不遇，还有求金榜不第。他没考上。写得一手好文章，且在诗坛已经崭露头角，这样的打击可不小。打个比喻，大概和已经成名的歌手参加选秀还在海选里被淘汰差不多。不过八股文章不是检验才华的唯一标准，蒲松龄的《聊斋志异》篇篇都如神来之笔，一样屡屡落第。

踌躇满志的冒襄去了苏州，想找小宛诉诉衷肠，可是他去了半塘几回，还是没见着面。听人说她一直在太湖边逗留未返。

女人之于男人，最次是唾手可得，有求必应，时日一长就毫无吸引力。

稍好一些的是若即若离，如水中看月，如镜中探花，尺度在意念与实战之间周旋，是所谓暧昧的滋味，不过久而久之也会有可望不可即之叹，性急者观望一番也就松手不提了。

最厉害的属于求之不得，如歌中所说“得不到的永远在骚动”，如西洋谚语“邻家的草坪总比自家的绿”，凡是身外之物，总有一股莫名的磁场。不然，那贾瑞吃了那么多闷亏，怎么还是想着王熙凤的账，企图有一夜欢好呢？

见与不见，她就在那里。他像是能看见，可又够不着。磁场已然发挥功效起作用了。

远水救不了近火，他心急，便先以鸠代鹊，和当时与小宛艳名相当的沙九畹、杨漪照来往了一阵子，暗暗等她回来。左等右等，实在不好再拖延，到了要回家了的时候了，才最后一次登门造访。这回，如花隔云端的美人犹抱琵琶半遮面地出来了。

鸨母倒是很会说话，说："公子啊，实在不好意思，让你白跑了好几趟。这次她在家的，只是喝醉了酒，在楼上休息呢，我去请。"说完从偏门入内，扶着小宛款款过了花径而来，立于曲栏边上。到了大堆锦绣璀璨的形容词随美人一道登场的时候了。

面晕浅春，缬眼流视，香姿五色，神韵天然，懒慢不交一语。余惊爱之，惜其倦，遂别归，此良晤之始也。时姬年十六。

美貌自是不用赘述了，不过倒是有一两处值得玩味。

说她懒慢不交一语——慵懒倦怠，连一句话都不和他说。很明显，这头一回相见，小宛并没有看上他。要说对方是土豪劣绅，空有几个臭钱，她疲于应付也就罢了，这么一个风度翩翩的复社公子几次登门，即将返家，特来相会，她却依然没有赏脸。原因何在？其实也很简单，她接待过的男人怎么也比他狎弄过的女人多吧，他是有才有貌，但她也不用如获至宝。下文就即将有一位在幕后的大人物走到台前来掷地有声地亮个相。

不过冒襄就不一样了，美人如此之冷，他还说“惊爱”，还说“良晤”，还说“惜”。说难听点，一个嫖客，本为寻欢作乐而来，见美人困倦，反倒能抑制欲望把她当作矜贵的良家女子一样去珍惜，这就很不寻常了。

所以，邂逅的这一回。他见她，她不以为然。

次年，他又准备去拜访她了，却听说小宛去了西湖，顺道还会去黄山游玩。跟谁同去的？他在文中没有点明，不过，没有点明是因为心知肚明。

冒襄在《和书云先生已巳夏寓桃叶渡口即事感怀原韵》这首诗后面附了一个长长的跋。

董姬十三离秦淮，居半塘六年，从牧斋先生游黄山、留新安三年。

牧斋先生——钱谦益，字受之，号牧斋，横跨明清的“识时务者”，也是曾经的东林党首领。这些和政治有关的事暂且按下不提，且说他以五十九岁高龄迎娶二十三岁的名妓柳如是就知道他也是刘姥姥嘴里的那种“老风流”了。

不过那是崇祯十四年的事，这之前的一年，钱谦益带着董小宛在黄山。

又过了一年，冒襄到湖南探母，从浙江的水路走，路过苏州，又去拜访董小宛，她人却还在黄山未归。这时候同行的许忠节说了：“还找什么董小宛，现在欢场的红人是貌比婵娟享誉梨园的陈圆圆啊。”

没错，是陈圆圆，那个家喻户晓的陈圆圆，那个吴三桂冲冠一怒为红颜的陈圆圆。

在《影梅庵忆语》中，冒襄以“陈姬”代指这个女子，他撰写此文时吴三桂正是盛势，想来时局动荡，真名实姓过于跳脱，掩人耳目是不想给自己和对方招来麻烦。

后人为了给他强加一顶痴情的帽子，不让小宛这朵白玫瑰之外他又多一朵红玫瑰，所以常说陈姬是另有其人，却是自作多情了。在冒襄的《南岳省亲日记》中，他自己亲口说出了事实。

旋同若翁等游船看畹芬演剧，冰绡雾縠中，听遏云之响，生平耳目罕遘，达曙方散。

文中所提到的畹芬，就是陈圆圆的字。

想来名姬都是不识庐山真面目的，拜访陈圆圆也折腾了好几趟，最后才一窥花容，听她莺嗓娇啼，歌舞一曲。

其人淡而韵，盈盈冉冉，衣椒茧时，背顾湘裙，真如孤鸾之在烟雾。是日演弋腔《红梅》以燕俗之剧，咿呀啁哳之调，乃出之陈姬身口，如云出岫，如珠在盘，令人欲仙欲死。

这一遭的笔墨费得比写小宛的时候还多还浓稠。

陈圆圆不过唱了一出弋阳腔版的《红梅》，他不过就在台下遥遥地看着，还没等到一亲芳泽就把如云如珠，欲仙欲死这类冶艳的词给用光了。

《红梅》，就是传奇剧目《红梅阁》。京剧《李慧娘》也是据此改编。戏里有个女人叫李慧娘，还有个女人叫卢昭容，那英俊书生裴舜卿的命运便和这两个女子环环相扣在一起。

无意之中，一切似乎就沾染上了某种微妙的寓意。

在这艳光四射的一刻，他有没有想起小宛呢。显然没有。在此之前，他们只能算是萍聚，点头问个好，又各回各家，她陪她的钱谦益，他会他的陈圆圆，欢场之下，无名无分，无凭无据，这种交错连辜负都算不上。

故事到这里，诸位先前的想法大概有所改观了吧。

原以为是那赶考遇佳人的熟烂套路，两个人一见钟情，取出折扇子，解下汗巾子，烧一对红烛，私下拜了天地……却不是这么一回事啊。

那些陈词滥调的坊间传奇想来都是一帮进不起青楼的穷酸秀才闭门造车编撰出来聊以自慰的白日梦吧。真正的销金窝可绝对没有那样冰清玉洁的意境。

接下来的戏份和小宛暂时没有什么关系了，陈圆圆独挑大梁，要演绎一出别开生面的蒲草磐石之恋。

那一晚听完了《红梅阁》，冒襄到后台找陈圆圆，想和她约定下一次会面的时间。读到这里，我是真的疑惑，若果真把这两个女人放到秤上去称称斤两，到底是谁的分量比较重？他第一次见小宛，因为她困倦，就退了出去，不打扰她休息。第一次见圆圆，倒迫不及待地约了下次见面的时间，孰轻孰重，似乎很有几分扑朔迷离。

陈圆圆倒也赏脸，说："光福山的梅花开了，不如明早我与公子一起去赏梅，在那里可以呆个十天半个月。"

美人如此大方，本是求之不得，该一口允诺的。这时他倒又退却了，说自己这一趟是去探望母亲的，中途路过，不便久留。是真的一片孝心？还是"近乡情更怯"的意思？抑或是因为在欢场时日久了，有了经验，看温柔总像陷阱？又成了谜题。

陈圆圆这样万人捧的大美人被拒自然脸上不好看，不过她也颇为淡定地给自己找了台阶下："原来是这样啊。那么，八月呢。八月的虎疁正是三秋桂子飘香的季节，你那个时候该回来了吧，我们去赏桂。”

冒襄未置可否，打了哈哈，告辞别过。

八月。冒襄准备赴约，可就在这时，前头传来消息，说他父亲被调到襄阳任职去了。襄阳当时已经是一座被攻陷的危城，紧急程度不下于《神雕侠侣》里让郭靖夫妇焦心的情景。

就在这么火烧眉毛的时候，他倒也还没忘了陈圆圆，顺便打听了她的下落。没过多久听到了陈圆圆被权贵掳走的传闻，冒襄生出了“佳人难再得”的感慨。谁知柳暗花明，过了些日子，又有消息说先前那个被劫走的陈圆圆是冒牌货，真正的她还留在这附近隐居避难呢。

冒襄立即前往她的住所，果然得以相见，还赞她如空谷幽兰。

子至矣，子非雨夜舟中订芳约者耶？感子殷勤，以凌遽不获订再晤。今几入虎口，得脱，重赠子，真天幸也。我居甚僻，复长斋，茗简炉香，留子倾倒于明月桂影之下，且有所商。

陈圆圆开腔了，说了上面这番话，说你不是上次在雨夜与我定了约期的公子么，咱们兜兜转转总算又见面了，你今晚留下吧，我有话和你商量。

冒襄这回又退却了，说现在是非常时期，我这一路护送母亲回来带了一百多个保镖随行，恐怕没有这个闲情逸致在你这逗留。正说着，外面又响起了炮火声，他赶紧回到了船上。这时，外面因为宦官的船抢道，不免又与他们兵戎相见了一番，闹得不愉快。明哲保身，冒襄决定不再上岸找陈圆圆了。

谁知第二天，陈圆圆竟然上船来拜谒冒老夫人了。

前面看《浮生六记》，憨园上船拜见沈老夫人和芸娘，是有嫁给三白的心。所以这里也一样。古时候的女子，哪怕是她们这些抛头露面的风尘中人，和公子们玩归玩，笑归笑，没有道理说随随便便见人家家长的。见家长这事儿，从古至今都有着特别的意义。

陈圆圆和老夫人交谈一番，临别前又力邀冒襄再去她那里坐坐。

晚上，船怎么都走不动，冒襄便去看陈圆圆。

陈圆圆表了决心，说我和你母亲很投缘，我想要嫁给你。

不用我再说，这一而再再而三的，看客们恐怕都清楚了冒襄的脾性，自然是习惯性地退缩了。他赶紧拒绝，说不行不行，我父亲陷在襄阳城里还不知道怎么办呢，我这两次看你都是顺道而已，你别这么想了，赶紧另外找人吧。我不能耽误你。

这话说得连我都觉得心如刀绞，非常不给面子，简直叫人无处置身。但是在冒襄嘴里却大义凛然得很，甚至说“当弃妻子以殉”，意思就是我连妻儿都打算抛掷一边了，怎么可能还要再纳偏房小妾。

换做第二三个人，恐怕早急得流下泪，躲到内帷去了。可陈圆圆到底是陈圆圆，久经沙场，从容不迫，大概意识到陡然之间托付终身确实仓促，便“复宛转云”，说出了下面这一句话。

君倘不终弃，誓待君堂上昼锦旋。

公子只要有这个意思，不抛弃我，我发誓在这里等你回来，就像苏蕙纺织回文锦缎等她丈夫回来一样。

这话一说，叫谁还能拉下脸拒绝。冒襄便只好说：“既然如此的话，那么我就和你立下这个约定吧。”换做是我，真要忧一忧他的真心了。八月赏桂的约定他都说是顺路来的了，这山盟海誓定终身的事还能顺路么。

不过冒襄倒也煞有其事地写了诗赠予她，算是一个无力的凭据吧。

过了一年，父亲被朝廷调出襄阳，危机算是化解了，到了守约的时候了，冒襄便去会陈圆圆。就在这种情况之下，他依然没有忘记用“因便过吴门”这样的话来形容此次行程——还是顺路来了，每一次都是顺路。一个倾国倾城的名姬苦苦守候着我，而我每一次都是有空了，得闲了，顺路了才去看她。这是何等自负与自恋。所以他自己的形象因为细节处修饰太过而不讨后人的喜欢便也怪不得旁人了。

而这一回，成了他最后一次炫耀的机会。陈圆圆又被人抢走了，这次是真的。

这次陈圆圆一事造成了不小的轰动。先是被抢走，又因为当地有爱慕她的豪杰发动群众的力量闹事，把她给抢回来了。可是对方势力太强，动用官府的权威，走了上层路线，再一次把陈圆圆给要了回去。

这些细节，冒襄也一一记下。别人手中的香饽饽在他眼中淡如水，不是非常好的反衬么。

陈圆圆的事至此告一段落，但我很肯定，这一颗朱砂痣根深蒂固地长在了冒襄的心上。他若真的对她无意，那么战火纷飞的时候就不该还记挂着她，若说父亲陷于危难要营救，那应该坚定信念只管救父亲，别的事情都搁下，可偏偏又一遍一遍像个女人一样若有似无地和她保持来往。这种拖泥带水只能说明他是一个有贼心没贼胆的人，爱慕美人，却又生怕要为这爱慕担负责任。

陈维崧编撰的《妇人集》中，有这样的一段话。

如皋冒先生尝言妇人以姿致为主，色次之。碌碌双鬟，难其选也。蕙心纨质，澹秀天然。生平所覯，则独有圆圆耳。

什么都不用再说，一个“独”字抵千斤。

所以我试想，若没有董小宛，若他们没有生在一个战乱的年代，甚至若他赶早一步，在陈圆圆没有被劫走之前去赴盟约，是不是这篇所谓血水泪水和着墨水写成的《影梅庵忆语》就会从史上最感人的悼亡诗文中除名，世间也不再有“忆语体”这个说法，更不会出现陈圆圆红颜倾国的那一幕，一切都因他们的结合戛然而止？

历史之于诗文，之所以读起来呆笨，是因为历史都是板上钉钉盖棺定论的东西，它不像诗文，给人一种锦匣未启的感觉，这里面有多少珠宝都是未知，人可以产生非常富裕的联想。

《影梅庵忆语》是用来悼念董小宛的，在它的后文里，那些对衣食住行的细腻刻画几乎到达了巅峰，而尾声部分对于小宛的死虽不着浓墨，但诸多侧面描写也着实凄婉欲绝。

但是在开篇，很突兀地冒出了一个陈圆圆，很出其不意地冒出另一段感情，让读者对它、对他的最初印象都大打折扣。

从文字上讲，行文历来是讲究纯粹的，我们对于任何艺术修为的最高评价往往都是“炉火纯青”四个字，一切与主题无关的东西都该删繁就简。

就这篇文来说，提不提与陈圆圆的这段往事，对悼念董小宛几乎没有影响。

从人情上讲，细数古今中外臭名昭著的花花公子，最让人恶心的行为不是薄情，不是绝情，而是滥情。举棋不定，左右摇摆，脚踏两只船，这在今天被归义为“劈腿”。看看娱乐圈，但凡和这两个字挂钩的明星几乎都陷入了万劫不复之地。

不是所有男人都可以做韦小宝，不是所有女人都愿意效法娥皇女英。有人要说，在遇见陈圆圆的那段时期，他和董小宛根本没有来往，感情是续接的，而不是并行的。事实也确实如此，可在他冒襄的笔下，一年两载仅仅两页纸的功夫，前后读来，怎么都给人一种新欢旧爱齐齐上阵的感觉。他也极有可能是刻意在营造这种气氛——美艳双姝个顶个地在我身边周旋，这是何等的风光。

才子，上下五千年多了去了，但正儿八经的才子都在庙堂正史里供奉着。而坊间流传的，无一不是那些和美人和韵事有关的才子，俗称“风流才子”。

唐伯虎的画固然好，可你若并非研究书画的普通人，是否会特意去关心这个画坛奇才？他在江湖上的知名度，更多时候是不是得益于那个叫秋香的女子？

那些正经的文人，一辈子四书五经有板有眼，纵然学富五车，却也只能在历史逼仄的角落里给自己竖起一块不起眼的牌位做纪念。要想名震四海，除非能像李白那样，在整整一个朝代独占鳌头，不然就要依靠一点手段。争议，就是最好的手段。你说对，我说不对，他说要辩证地看，这就热闹了。这就是话题和谈资。不管正面负面，先把人推到风口浪尖上做了弄潮儿再说，后面要想鲤鱼翻身，再想洗白之策。

而洗白之策是早就有了的——然以急严亲患难，负一女子无憾也。我是为救父亲而忙于奔走，辜负一个女人算不得什么。多么英雄气概，多么史诗风格。

也许冒襄太聪明，他知道这些玄机所在。也许冥冥之中，一切步骤都合上了走红的节拍。总之这一段和他有关的双艳奇谈在秦淮河上流传了很多年，流过朝代更迭，传过江山易主，一直流传到了今天。

至于孰对孰错，恐怕也难以分辨了。

三年 >>>

陈圆圆走了，他说自己非常抑郁惆怅，于是和朋友租了一条船到虎疁去游玩散心。虎疁，那个他和陈圆圆先前约定好了一起要去的地方。多情的人是不是以为接下来，他要迎风洒泪感慨一番景在人不在？又错了。

船经过一个桥洞，桥洞边有一座精致的水阁，他问道是谁的居所。

答，董小宛。

“余三年积念，不禁狂喜，即停舟相访。”他这样写道，像是破涕为笑。

三年了。她在黄山新安冶游一遭，回到了苏州。他迫不及待要上楼去找她。这时候友人拦住了他，说：“这会子最好不要上去，她前一阵子也被那些四处强抢的豪门贵族惊扰了。如今她妈妈又去世了，每日里心情沉重，现在恐怕是闭门谢客啊。”

冒襄不听，执意上楼，敲了好一会门，丫头来开了，迎着往里头走。幽幽暗暗之中，他见到了歪在榻上的小宛。

小宛“沉吟询何来”。就是说，一下子见了他，想不起是谁，问他是哪一位，从哪儿来。这也难怪，他们只匆忙见过一面，那时候她又喝了酒，对他没什么印象也是有的。

冒襄便把当初在曲栏边相会的往事描述给她听。

这下好了，小宛来了个一百八十度大转弯。

曩君屡过余，虽仅一见，余母恒背称君奇秀，为余惜不共君盘桓。今三年矣，余母新死、见君忆母，言犹在耳。今从何处来？

简言之，就是这个仅仅见过一面的冒襄，他的出现，把她的新愁旧怨全部勾起来了。她强撑着病躯坐起来和他说话，又叫丫鬟掌了灯，仔细地端详他。

上次见面时她慵懒傲慢对待过的冒襄，这会好像成了稀有动物。

但是冒襄又来了，他“怜姬病”，准备告辞。上一回惜其倦，这一回怜姬病，总之就是延续了他那种浅尝辄止的风格。

小宛便发声了，说你不知道，我最近十天里有一两天能吃下饭就不错了，惊魂不定，昏昏沉沉的，现在看到了你，我就觉得神清气爽，心旷神怡。

说完赶紧让丫头摆饭倒酒，和他在榻前共饮一番。席间小宛不断地敬酒，冒襄说要走，她就留，他一次次要走，她就一次次地留，弄到最后，冒襄又使出了孝子本色，说我要赶紧发信到襄阳，告诉我父亲他被调离的好消息，不能在这夜宿。

就像历史重演一样。女人留他，他坚信百善孝为先，只有婉言拒绝。

可事实是，父亲要调离，组织上到了时间自然会安排。又不是皇上的圣旨，人家不会因为你一封平安信去，就立刻马车软轿送他出城。实在要写信，小宛这里是少了纸还是短了墨？

所以这次，这理由很冠冕堂皇，牵强附会。

不过也能理解，他这样略有些身份的人，怎么像那些市井草民一样，两杯热酒下了肚就火急火燎宽衣解带。这还怎么入文入诗。

小宛就“宛”在这里——没有强留，送他出门。

第二天，书函发了，信使也走了，冒襄想回老家去。

仆人有情有义地提醒他，说董小宛一片深情，要走的话还是要去辞个行才好。

冒襄去时，董小宛已经梳洗停当，倚楼盼望，见他的船来了，赶紧下了楼来到船上相迎。冒襄说要回家，小宛有备而来，说我已经把包袱收拾好了，准备送你一程。冒襄推辞，小宛却坚决要送。

谁知这一路越送越远，走了二十七天。这二十七天里，他天天劝她打道回府，她只是坚持。到了金山时，他们一道登山，小宛看着滚滚流逝的江水，说：“妾此身如江水东下，断不复返吴门！”我绝对不要再回苏州去了。

她早已打定主意要誓死追随他。

一个头一回见面她并无好感的男子，何以再度相见之后就让她能下得了这样的决心？想来那个硝烟弥漫的年代实在是让人没有安全感，如身抵悬崖。她这样的烟花女子吃的是青春饭，即便没有战乱，到了年纪不外乎两种下场，一种是反客为主，从妓女上升到鸨母。一种就是脱籍从良，本本分分地嫁到正经人家去。

这一年她已经十九岁了，古时候的十九岁不比如今的十九岁，已算大龄女青年。她是时候为自己的将来筹谋一下了。更何况乱世不安，稍有姿色略有声名的都极有可能落得陈圆圆一般的下场，恍如孽海沉浮。那么，沉浮之中，救命稻草能抓住一根就是一根了。

那么为何不选她伴着同赴黄山之行的钱谦益呢。原因很简单，前一年钱谦益就和柳如是成亲了。换做旁人，或者可以共侍一夫，可柳如是何许人也，那是断然不肯降清，预备投水就义殉国的刚烈女子。钱谦益都尊称她一声“河东君”，后世的人皆赞她是“风骨峻嶒”，语言大师陈寅恪晚年穷尽心血为其作八十万字别传。想想她也没有和别人分享丈夫的道理。而且钱谦益待小宛，更大程度上是一种对小女子的宠爱，把玩尚可，娶回家，还是欠了火候。

这会子，冒襄适时出现了，他也算才貌兼备，家中尚有些财产，这便足矣。

冒襄一听她这么说，当即退缩。留宿妓家他尚且要深思熟虑，这生死相随的架势怎么可能轻易允诺，便义正辞严地告诉她：“我这些年为父亲的事奔走，家里都顾不上，给老母亲晨昏定省都办不到，哪里有空考虑儿女私情呢。”

这也不是什么正经理由，从后面的文字来看，冒家上下老小都通情达理，对于纳妾一事表现出极为开明的态度，这绝不足以成为借口。好在冒襄也把自己当时所想一五一十地记录了下来，还算实诚。

且姬吴门责逋甚众，金陵落籍，亦费商量，仍归吴门，俟季夏应试，相约同赴金陵。秋试毕，第与否，始暇及此，此时缠绵，两妨无益。姬仍踌躇不肯行。

说他得知董小宛在苏州欠了很多债，他要是娶她，等于娶了一堆欠条回家。

董小宛不是倚楼卖笑的寻常娼妓，待客有自己的标准，搞得和《日出》里的陈白露一样入不敷出也有可能。而且她要脱去金陵的乐籍也要费一番功夫，要打点人脉，还要花一通银子。《板桥杂记》中有言——亲母则所费不多，假母则勒索高价，谚所谓“娘儿爱俏，鸨儿爱钞”者，盖为假母言之耳。

说来说去，还是因为钱的缘故。冒襄家里不是没钱，只是从后文看来，家里应该是女人在掌管财务，像《红楼梦》里一样，所以他也不是那么方便。

他就和她商量，说夏天他还会到金陵考试，到时候可以同行。考完了试，不管中不中，才有闲心去处理个人私事。这会子恋恋不舍，对大家都没好处。

一个人对你说：“我是为你好。”那么很多时候只是对他自己好而已。

一个人对你说："这对我们都不好。"同样，可能也只是对他自己有妨碍。

董小宛回到苏州去，一来要应付债主，二来要躲避权贵，遮遮掩掩，东奔西顾，哪里比得上跟他一起回如皋，安安稳稳地做妾室来得消停。

她还是不肯。

这时，同行的人把桌上一套五木递到小宛手中——据《演繁露》记载，五木类似一套五个的骰子。大家打圆场劝小宛："要不掷骰子吧，听天由命。"

小宛收了笑脸，很严肃地走到船窗边对天地拜了一拜，然后把五木撒了出去。

如果我是电影导演，拍他们二人的传奇，这时候大概会对着这叮叮当当的骰子拍一个特写的慢镜头，因为它们决定了她日后的命运。

五个六点。

大家都惊呆了。

小宛看着他，他也只好故作镇定，说："要真是天作之合，这时匆匆忙忙地在一起反而会坏事。还是先回去，大家从长计议。"总而言之，就是不想带她走。

都到这个份上了，他还是这么绝情，小宛只有掩面而泣，恸哭辞别。

他呢，却用了四个字来形容自己的心情——如释重负。

三年，三年可以改变很多。在娼门，原来乳臭未干的黄毛丫头可以长成亭亭玉立的绝代佳人。原来风姿绰约的秦淮名艳也可以陷入进退两难的困窘之境。古人说，娉娉袅袅十三馀，豆蔻梢头二月初。她们已经过了这样的好年华，四壁围困，只得谈婚论嫁。

时不我待的仓皇中，艰难辗转，辛酸苦楚，唯有她们自己领受。

三年前，他见她，她不以为然。

三年后，她求他，他不为所动。

世易时移，就在这光阴的翻云覆雨之间。

缠乱 >>>

以为万事都能等到赴金陵赶考时再说的，谁知刚到家没多久，才参加了初试，小宛这边就有了动静。她派她父亲做使节说客来登门讨饶了。

冒襄夫人说：“这位董姑娘让她父亲过江来传了话，说她回去之后闭门谢客，餐餐茹素，一心一意等着你。我不知道什么情况，也不敢造次，就先给了他十两金子，让他先回去，也让他转告这位姑娘，我怜惜她的心意，也很尊重她的选择，只要等到大考过后，没有什么不好商量的。”

这番话一说，贤妻的形象立刻树立起来了。冒襄也赞她识大体，能有成人之美的雅量。相信之下，小宛倒显得有点无理取闹似的。所以那年夏天，去金陵之前他也没有约小宛，自己孤身前往江南应试，准备等到考完之后再找她相会。

隔着江，她尚且有办法。同在江南，她岂能安心坐等。

开考日期已到，她也没等到他的信，惴惴不安之中，雇了一条船，带了一个老妪，她赶到了金陵。八月十五的上午，冒襄才出了考场，刚回到桃叶渡的寓所，就看到了恭候着他的董小宛。

她说："路上碰上了强盗，只有停船在芦苇荡里遮掩。后来船舵又坏了，走不了，我们三天都没吃上饭。那天你考首场，我们已经先到了三山门了，但是怕你分神，拖到今天才来找你。"说完了，又把先前分别后一个人在苏州孤立无援杜门吃素的事拿出来讲。

淅淅沥沥说了这么多，眼泪也如雨下，只为向他表志，我这一生要跟着你。

当时冒襄在全国各地的复社好友多聚集到金陵，听说了董小宛的事，都非常感动，又是写诗又是作画，纷纷相赠给她，算是为她摇旗呐喊，鼓舞她的士气，坚定她的志向。

连自己的朋友都帮着董小宛说话，为她助阵，冒襄也不好说什么了。

好在这次考试他自我感觉良好，便打算发榜之后，认真处理一下他们的事。

到了十七这一日，冒老先生突然出现了。有人说看他的船到了岸边。原来，上面要把他调任到宝庆去，但是乱世之中他萌生了解甲归田的想法，索性就告老还乡了。老爷子得以生还，冒襄喜出望外，又把董小宛抛到脑后，就尾随父亲的船到了銮江。冒老先生看了儿子考试的文章，觉得一定可以高中，说你干脆就先留在銮江等着发榜吧。

这里，父亲生还，仕途有望，冒襄喜不自胜，早把佳人忘在九霄云外。

那边，为着冒襄不着一语悄然离去，小宛早已心急如焚，赶紧雇了船从桃叶渡出发，一路乘风破浪地追上来，还险些在燕子矶遭遇不测。

七天之后，发榜了，冒襄中了副车。

副车是什么概念？近年来清朝宫廷戏盛行，那么打个比喻，就相当于秀女选中后最末一等的常在答应之流，是储备在那里的一个名额，用得上用不上还不知道。对于野心勃勃期待高中的冒襄来说，这么一个小品级，还不如干干脆脆落榜来得痛快。

连年失利，怀才不遇，心灰意冷。冒襄准备回如皋。小宛又要追随。

很多人评价他们的这段感情，都说是董小宛“倒追”的冒襄，这一点不假。而且这“倒追”还不是寓意上的“倒追”，真的就是实打实地倒追——你在前面弃我于不顾趁势逃走，我只有自力更生快马加鞭地赶上来。可不是真枪实战么。

冒襄怎么会答应。心想她在苏州那么多麻烦事在身，欠了一屁股债，她如今在外面晃荡了一圈，那些债主见她回来，若是打听到她这些日子是和他在一起，还不知道要怎么想。他又没考好，愧对父亲，自己又消沉，哪有心思管风顾月，和她恩爱缠绵。

到了朴巢，四顾无人，冒襄又一次冷下了脸，说你赶紧回苏州去吧，也好堵住那些债主们的悠悠之口，后面的话，再见机行事。

心烦意乱，已经前言不搭后语。前面觉得她回苏州会有麻烦，现在又让她回苏州。反正在那一刻，他所想的，就是要赶紧摆脱这个女人。

就像看侯孝贤导演的《海上花》所得到的感受一样，与青楼女子欢好固然魂销意尽，可真正要周旋起来，还是颇要费一番心力的。

到了十月，冒襄路过润州，前去拜访了他的一位郑老师。此时正好又有一位从福建来的兄弟刘大行，和一干朋友一起到冒襄的船上饮酒。

正在飞觥走斝之时，外面来了一个下人，是从董小宛那边带来了消息，说她回去之后一直还穿着夏日分别时的衣裳，空守着你冒公子当初的一番诺言，现在，你要不想办法救救她的话，她情愿冻死。

仆人话音未落，暴脾气的刘大行就站了起来指着冒襄，说你一向以侠义著称，怎么这会子竟然辜负一位女子。

冒襄不徐不疾，拿出了唐传奇里柳氏和王仙客他们的例子。《章台柳》中，韩翃和柳氏相爱，柳氏为京中番将沙吒利劫去，韩翃是手无寸铁的书生，得虞候许俊的帮助才能和柳氏重聚。而《无双传》中，无双与王仙客相恋，但后来无双因父罪被没籍为宫女，红墙之下，王仙客束手无策，幸而有黄衫押衙献出锦囊妙计，才能救出无双。

“我现在缺的就是虞候许俊，黄衫压衙。”冒襄如是说。

这话，不说便罢，一说就等于使出了激将法。席上有一位刘刺史，大概本就是个多管闲事的人，又兼一斤二两黄汤下了肚，烈酒壮胆，当即就夸下海口，说："现在，拿黄金一千两给我带着，我替你去摆平这件事。"

陈将军闻言拿出了几百两黄金暂借冒襄，刘大行也着意添了几十两，刘刺史就带着上路往苏州去了。

谁知道到了苏州，这刘刺史不善于调理纠纷，反而得罪了很多人，搞得局面是火上浇油，钱也打了水漂，只好丢下烂摊子逃往吴江去了。

冒襄见事已至此，也没有办法，只有回到老家去。此后很久都没有再听到董小宛的消息。

这一个月里的董小宛是何模样，书中没有提起，大概小宛跟了他之后也没提起，提了也没意思，都是过去的事了。但我想，这一个月对她来说一定是度日如年的。他若没有打发人来处理便罢，传出去，是他冒襄理亏，落得不守信用的骂名。可他既花了钱又派了人来了，事情还是没有解决，这样的话，即便埋怨也没有用。

不知是在哪一年的春光里她做过这样一首诗。

病眼看花愁思深，幽窗独坐抚瑶琴。黄鹂亦似知人意，柳外时时弄好音。

大概那时候也差不多是如此，泪眼看花，花却不语。只是春天尚且和暖，寂寞的人坐着看花也算闲适。这秋冬时节，朔风凛冽，连花也要谢了，琴弦都涩了，柳都老了，流莺都飞走了，岂不是更加寂寞。

就在这孤身维谷难以收拾之时，一个人出现了。

薄暮 >>>

这个人，不是别人，正是与她同游黄山的钱谦益。

冒襄在书中写到——虞山宗伯闻之，亲至半塘，纳姬舟中。上至荐绅，下及市井，纤悉大小，三日为之区画立尽，索券盈尺。楼船张宴，与姬饯于虎疁，旋买舟送至吾皋。

冒襄写这段的时候不知道是什么心情。尤其这“亲至半塘”的“亲”字，简直躺在纸页上都可以给他一个讽刺的白眼。他的女人，他自己不去打点，派了那么一个不成器的人去处理，结果搞得一团糟。这回呢，其实也和自己没有太大关系，钱谦益却亲自驾到。对上，明公正道的衙门公堂里他有人脉。对下，嬉皮赖脸的江湖混混中他也有关系。“纤悉大小”，也就是这里面的人情事务债，枝枝节节，巨细之处他都摸得清清楚楚。三日之内，全部搞定，在虎疁的楼船上，为董小宛送行，又买了船送她到冒襄老家去。

这一两年流行一个词，叫“叔控”，顾名思义就是喜欢成熟稳重的男人。网上还做过一个婚恋调查，显示二十至二十五岁的青年待婚女性中有“叔控”的高达百分之七八十。

这不是没道理的。

现今社会，男青年刚从校门里出来，要什么没什么，都是三无产品，而男人的霸气一半是靠钱砸出来的，那些房车兼备的熟男自然销路宽广。

在古代，像冒襄这样初出茅庐，功未成名未就，心肠还硬，做事还磨叽的人，没个人比较的情况下或者也能凑合，但是钱谦益这样老骥伏枥的人物一出马，待人接物世故圆滑，钱还能全部用在刀刃上，怎么也比那黄毛小子愣头青叫人仰慕。

再说句实话，有什么能力做什么事，没本事轻车熟路地处理好这娼门妓家明里暗里的事故纠纷，也别一味馋嘴猫儿似的出来寻欢作乐。

小宛那时候看着眼前这个对自己遥遥举起酒杯的男人不知作何感想。冒襄除了孝顺点，比他年轻点，还有哪个品格是能提得上手的呢。

不过也只有冒襄了。在张明弼的《萤芝集》中有一篇《冒姬董小宛传》，其中写道——闻之，特至半塘，令柳姬与姬为伴，亲为规划，债家意满。

也就是说这一趟，柳如是跟着钱谦益一起过来了，说是陪一陪昔日的秦淮姊妹也好，说是提防着年轻的情敌也好，总之柳如是在侧，她董小宛看钱谦益，也只能是看一看罢了。

十一月十五这一天的薄暮，董小宛的船到达如皋河岸。

当时冒襄正在家中和老父亲饮酒，听到消息赶紧遣人去河畔相迎，不久后接到钱谦益的书信，了解到事情的来龙去脉。

化解了债务危机还没完，钱谦益又快马传书让他的门生张祠部为董小宛削去乐籍的身份，苏州还剩下来的一点小麻烦让周仪部去扫尾，至于金陵的种种琐事则交由原礼部的李宗宪去打理，总是一应大小事务都已经为小宛安排妥当。

这时候冒襄说："越十月，愿始毕，然往返葛藤，则万斛心血所灌注而成也。"意思就是，十个月了，心愿终于了却，可是经历了多少麻烦事啊，倾注了万斛心血才促成了这件事，多么不容易。

说得好像他为此付出了很大的代价。

但不管怎么样，这一天，这一个冥冥的薄暮，小宛终于踏入了冒家的大门，正式与风尘的过往说了一声再见。

小宛的身份先前只有冒襄夫人知道，一时之间，他还不知该怎么回禀堂上父母。

好在夫人贤惠，还没等冒襄回来，就已经着人在外面腾出一套屋子，帐幔火烛，餐具饮食，一应俱全。这边，冒夫人领着小宛到新屋，那边，冒襄还是回到酒桌上陪父亲喝酒。喝完了酒，过来这边，已经全部收拾停当了。

火光中，小宛有些感极而泣。这是自然的，一洗风尘，从此可以成为良妇，如同牢狱之中的罪犯刑满释放回归庶民。是双脚踏地的安稳啊。

再者，作为妾室外房，最怕的就是正妻刁难。尤二姐之所以同意贾琏偷偷摸摸另置一套房子黑灯瞎火地成亲，不就是因为王熙凤狠辣的名声在外么。好在这冒夫人通情达理，省去了她的很多后顾之忧。小宛说上岸的时候正奇怪怎么没看到你，又有一堆丫鬟仆婢簇拥着我登岸，心里怀疑又害怕。到了这里，看一应家什都准备齐全，姐姐人又好，这才觉得，这些年矢志不渝的等待是值得的。

想来让人心痛，让她觉得安稳的不是他，而是他的夫人。所以微微怀疑，在那个时候，是否只要提供给她一个安定的环境去生活，她便人尽可夫呢。青楼女子，毕生所求，终是那句已经俗腻的"现世安稳，岁月静好"罢了。

自此姬扃别室，却管弦，洗铅华，精学女红，恒月余不启户。耽寂享恬，谓骤出万顷火云，得憩清凉界，回视如梦如狱。居数月，于女红无所不妍巧，锦绣工鲜。刺巾裾如虮无痕，日可六幅。剪彩织字、缕金回文，各厌其技，针神针绝，前无古人已。

如上面的文字所说，此后的董小宛很知道分寸好歹，一心把自己改造成一个彻头彻尾的家庭主妇。管弦束之高阁，铅华一洗而素，把心思全部都放在针黹女红上。

她自己也很享受这份得来不易的安宁，感觉是从火云滚滚中逃离到了清凉世界。那在脚下浩荡远去的碌碌风尘与笙歌人间，像梦一场。

几个月修炼之后，小宛已然成为刺绣高手，可以做出回文诗这样繁复精致的活计。

是了，织造回文锦缎也是陈圆圆说过的，她曾在那个别离的夜晚向他立下誓言：“君倘不终弃，誓待昆堂上画锦旋。”

现在，她拉长了娇弱的身子作为纽扣去衔接明清两朝，成了乱世枭雄你争我抢的牺牲品。

而这个未完成的海阔天空的心愿，小宛替她做到了。

苦饴 >>>

四个月之后，董小宛从外面搬进冒府的正宅。

我总觉得冒襄是从这个时候才开始爱上董小宛的，或者说才开始愿意爱上董小宛的。他害怕爱的过程，这一路上风狂雨疾他吃不消，爱的风险，爱的途中所要吃的亏，他统统拒之门外，那么就只好取一个爱的结果——在一切事务尘埃落定之后，他可以拿出一点真心相待。

现在，红地毯铺好了，只等着他走，等着他满面春风地挥手致意，没有道理再不大步流星地迈上去了。

进门之后，阖家老小都很喜欢小宛，尤其是两个姑子，都对她赞不绝口。

这称赞或者也是最起码的吧，也不看看她谨小慎微过的是怎么样的日子。

烹茗剥果，必手进。开眉解意，爬背喻痒。当大寒暑，折胶铄金时，必拱立座隅，强之坐饮食，旋坐旋饮食，旋起执役，拱立如初。余每课两儿文，不称意，加夏楚，姬必督之改削成章，庄书以进，至夜不懈。越九年，与荆人无一言枘凿。至于视众御下，慈儿不遑，咸感其惠。余出入应酬之费与荆人日用金错泉布，皆出姬子。姬不私银两。不爱积蓄。不制一宝粟钗钿。

读完这段话，不知你有没有在脑海中设立出一个形象，就是厨师加喜剧演员加按摩师加侍应生加家教加会计……一切与服务有关的职业你都可以套在她身上，她所有的称谓都有了，独独缺了“爱人”的身份。

可也不奇怪，她的从前摆在那里，能进门，能给一个妾室的名号，高堂和正房不张口就骂伸手就打已经是万分仁慈了，还指望有什么地位可言。古人说“妾”喜欢说成是“侍妾”或者“侍姬”，怎么都有一个“侍”在这里。有下人的时候你可以做上片刻的主子，没有下人的时候她就是下人。

昔日生在风尘纵然迎来送往笑口常开累得慌，可方寸的天地里，关起门来到底是自己说了算的。但即便如此，她还是愿做一生拼地求取这一个尴尬的没有任何福利的名额，渴望得到通往常人世界的入场券。

流年偷换之间，你很难说这是凤凰落魄还是飞上枝头，想来真是如人饮水了。

接下来的一段时光是波平如镜的，因为平静皆是二人所求，所以终于生出些柔情蜜意，为这凉薄了太久的往事书添上一道暖暖的光。

冒襄想编撰全唐诗，册页浩瀚，这不是容易的事，好在小宛也通诗文，能帮助他一道修订。小宛最喜欢读的文字是《楚辞》，还有杜甫、李商隐、花蕊夫人的诗。这不难理解，喜欢《楚辞》是因为她洁癖，喜欢杜甫是因为她也一样觉出国之忧患，喜欢李商隐是因为他的诗充满了朦胧华美的意象，喜欢花蕊夫人大概是因为同是女人，这千年遥隔之间也有阻挡不住的惺惺相惜之意。

诗词和上面提到过的琴艺是当时青楼里的高级名妓都要学会的技能，除此之外，小宛也颇通书画。冒襄说她能临摹钟繇的字体，写了很多精美的扇面分送给各路亲友，画画也很有几笔墨趣。虽然和马湘兰等专业选手相比略欠了一些，但董小宛所绘的《彩蝶图》现在也是博物馆藏级别的作品。而且她画这幅画的时候才不过十五岁，后来的很多画作在逃难途中丢失了，想来那一部分在技术上应该拔高了更多。

在文化这一块，小宛还曾经编著了一本叫《奁艳》的书，顾名思义，是专将那些被历史遗漏的与闺阁有关的故事收录其中。

其书之魂异精秘，凡古人女子，自顶至踵，以及服食器具、亭台歌舞、针神才藻，下及禽鱼鸟兽，即草木之无情者，稍涉有情，皆归香丽。

看这寥寥几笔描述就激发了人的阅读欲望，只是很可惜，这本书也散佚了。不然，对于今天的女性文学应该有着很高的参考价值。

就这样，他们远远地在江北开始了新的生活。他不再执着于功名，更多地把才情放置到了撰文写书上。她遗忘了昔日的秦淮烟火，遗忘了那些生命中大大小小或轻或重的恩客。他们是恩客，也是过客，所以握于手心的只有当下这一刻。

他们一起把那座名叫金陵的城池付与历史，只管此时静好与来日方长。

春日，烹露制香。

小宛可算是制香高手，于是冒襄也花了超长的篇幅去记录他们一起研香调屑的日子。其中写到“横隔沉”和“蓬莱香”两味，算是沉香中的佳品，为了使薰香时能去了烟腻之气，他们用小火隔着细砂慢慢地薰，那透明的香氛徐徐吹来如同露水滋润着蔷薇，清风拂遍古寺，又如琥珀被慢慢地研磨发热，或是把清酒徐徐倒入犀角杯中。总之是极雅致的感受。更有西洋香、香丸、黄熟香、鹅梨香数种，每一种皆有奇异的滋味，而他们对每一种又有独到的见解。具体不再赘述，可参看原文。在这鲛绡一般轻软的香雾之中，他们依偎在一起，如同置身于百花深处。小宛说：“花间词里的那些女人，斜倚薰笼，拨尽寒炉，不知是怎么样的愁苦滋味。”冒襄说：“你现在有我在身边，怎么能体会呢。”她洋洋微笑，在帐帷深处，在这个得来不易的温暖臂弯里沉沉睡去。

初夏，饮酒煎茶。

其实小宛的酒量很大，冒襄说她在銮江汪汝为家的梅亭做客的时候，曾经有“轰饮巨叵罗，觞政明肃，一时在座诸姬皆颓唐溃逸”的经历。叵罗就是一种很大的盛器，小宛一口喝干，喝到最后，席上的各路美人都烂醉如泥瘫下了，她依然精神抖擞。不过现在嫁为人妇，上有公公婆婆，中有正妻姐妹，下有仆人丫鬟，女人喝那么多就始终不好看，所以只在冒夫人想喝的时候略微陪一陪。冒襄喜欢喝茶，她就专攻茶道。用文火细烟，小鼎长泉慢慢煮了半塘友人寄来的薄如蝉翼的岕片茶。一边品，一边吟念“沸乳看蟹目鱼鳞，传瓷选月魂云魄”的诗句。木兰沾露，瑶草临波，完全到达了陆羽茶神的那种境界。

清秋，插瓶赏花。

小宛秋来多病，可是冒襄老友送来一种叫做“剪桃红”的菊花时，她还是坚持着从病床上坐起来看花。花朵繁盛，叶如蜡染，枝枝蔓蔓，如风拂云。这样珍贵的品种，她有一番自己的欣赏之道——入夜时分，她把花移入房中，点燃青白色的蜡烛，用洁白团扇把花的三面围起来，然后放一个座椅在花间，等到花影与座位配合协调，她就走入花间，静静地坐下来赏花。秋气再清深一些的时候，他们的早梅就含苞待放了。小宛对于入瓶供奉的梅枝很挑剔，要么就是捡那最合瓶型的一枝，实在没有，就在头一年把花枝修剪好，等到来年花开时，样子合适再采摘下来插瓶。

隆冬，赏雪饪食。

飞雪连天的冬日蛰居在家中取暖看书是最好的，当然，陪伴冒襄的可不是精神食粮。小宛闻名于后世不光因为她和他的这段传奇，她的烹饪技术也是坊间津津乐道的美谈。比如说“董肉”、“董糖”至今在江浙一带都还很流行。她把时令鲜花采撷下来，和盐和梅子一起在香露中浸泡腌渍，经久取出，花色依然鲜艳，倾于白瓷碗中，各种色调丝丝分明，解酒又解渴。把桃子西瓜清洗干净，把那一丝一毫的瓤都去了，放在文火上慢慢地熬成水果膏，如此即便到了深冬也能尝到春夏的气息。她做的熏肉有松柏的清气，做的蛤蜊颜色艳如桃花，做的鲟鱼如玉一般白。至于做家常的豆豉腐乳更是手到擒来又别具一格。而各色腌菜则黄如蜂蜡，绿如碧藻，冬季的桌上可以荡漾出春水的气味。那些杯盘碗碟中所盛放的美食佳酿无一不是色香味俱全。《影梅庵忆语》中的这一段放到今天足以秒杀所有美食宝典，而小宛若是今人，想来也足以粉碎“所有大厨都是男人”这个谬论了。

大家对美食趋之若鹜，但是她本人却没什么兴趣，就像大多数裁缝不愿意驾驭自己手中绣制的锦衣。文中说——姬性淡泊，于肥甘一无嗜好，每饭，以岕茶一小壶温淘，佐以水菜、香豉数茎粒，便足一餐。意思就是她自己吃东西，大多是茶就饭，顶多吃点清淡的小菜而已。

但是她变着法儿地为他们做出饕餮大餐，纵没有水陆八珍，也能以仅有的食材变换花样，像魔术师一样呈上一桌桌不亚于满汉全席的绮筵盛宴。做完了佳肴，再像前文引用的文字那样——别人坐着她站着，别人吃着她看着。

我相信这世界上有终生热爱做饭的厨子，却不相信有每一分每一秒都热爱做饭的厨子。

这种活雷锋的姿势摆得太久叫谁都会觉得累，但是她扛住了。这种忘却自身，甘为人梯的性格在此处表现得还不是很明显，到了后面逃难的时候，读来更叫人触目惊心。

只要是个人，大概就不会觉得不苦，可她甘之如饴，而且很清楚，这将是她从今往后要领受的无限人生。

喜鹊 >>>

崇祯十七年，也就是公元一六四四年的三月，李自成领导的农民起义军攻占北京，皇帝长叹一声“苦我民尔”后，命无数妃嫔公主自杀殉国，自己终也在煤山自缢而亡。

明朝在此前很久一段时间内就已显露出了亡国之象，到了张居正的万历中兴，看似重归升平，却实际上已是回光返照。

现在，终于朽不可支，崩裂不复了。

消息传到冒襄他们这里的时候，没过三两天已经乱作一团。

地方官懦弱无能不管事，那些山贼强盗小偷就倾巢出动，准备趁火打劫发国难财。更有兴平伯高杰手下的士兵四处播撒警报，搞得人心惶惶。

当时很多乡绅秀才都已避让不及逃难去了江南。冒襄问了老父亲的意思，却说要闭宅自守。所以那段时间，四周邻居都锅凉灶冷了，唯独他们家还有炊烟升起。

又过了几日，女眷们实在害怕，冒襄便把母亲和夫人都送去了城外暂避。

小宛不在其列，留了下来服侍他。文字之间，看不出这是冒襄母亲和夫人的意思，还是冒襄的意思，抑或是小宛本人的意思。不过，不管是谁，道理都说得通的。

说是冒襄母亲和夫人，有这个可能，后文中冒襄大病一场不成人形，环境又恶劣，小宛服侍他，饭也不敢吃，觉也不敢睡，搞得面黄肌瘦，嶙峋如柴，这时候冒襄母亲和夫人在一边发话了，说“愿代假一息”，就是愿意代替董小宛服侍冒襄一会。都到那个份上了，她们还丢不下身段，还把自己当成老祖宗和贵夫人，能冷眼旁观自己的儿子和相公生不如死，而这会他还身强力壮，她们怎么可能不顾自己的安危说要留下来服侍他呢，这在他们眼里自然是董小宛该做的事。他们和冒襄一样，属于那种情感意识单薄，凡事先考虑自己的人。这也应了俗话“不是一家人，不进一家门”。物以类聚，因为是一种人，所以冒襄和他夫人两个人倒也相安无事地过了很多年。

说是冒襄，这都不用解释，主动权历来都在他手里。他要扔下谁就扔下谁，要带上谁就带上谁，他说了算。比他母亲和夫人略好一点的是，他对情人比较刻薄，对亲人倒是情深意重。老父亲在襄阳还没碰上什么灾难了，他就急成那样，这会形势危急，保护亲人自然是首要任务。可是董小宛还不在他罩的范围之内，不知道是他在心里尚未把她从外人变为家人，还是暂且没有把爱情转化成亲情。若是后者，在董小宛的层面来说，很难说是幸运还是不幸。

说是董小宛，更不用解释，一个为人民服务到底的女人还需要别人为她解释么。

而除了照顾冒襄以外，她还有其他的杂事要做，比如打包。衣物，书画，文稿，银票，这些东西她都亲自过手，分门别类地整理——自然是防止日后还是要逃，做好准备。

这还不够，还用标签各自做上记号——这是怕混乱之中分不清哪一包是什么东西。

然后分交给数位丫头们去管——银钱落在同一人身上，若是丢了就全完了。

这些缜密的心思很快就要派上用场。

土匪杀人如麻，形势水深火热，实在撑不下去的时候，冒襄备了船，带着一家老小上路了。小宛渴望的那种安稳日子没过多久，就再一次陷入颠沛流离之中。

途中，冒襄父亲找地方兑碎银子，只可惜人人闭门自保，没处折换。

冒襄便问小宛要。她打开了钱袋，这里面，从几分到几钱到几两，每一种都标重了，弄得像我们今天的硬币一样明码实数，可以随手拿来用。

大家自是啧啧赞叹。

说到钱，那会兵连祸结的，什么都涨价，更多的时候是花了钱也不一定有用。

雇船要花一百两银子，招募一些保镖随行也要花一百两银子。可走了没多久，江水落潮，船走不动了，前方盗贼们的船已成掎角之势。进退两难之间，他们要投奔的人家派人来传话，说江洋大盗的势力已经蔓延到岸上，即便上岸也没有用了。

保镖们不干了，仆人们也痛哭流涕要回家，一时乱作一团。

入夜，冒襄悄悄吩咐了贴身的仆人，让他想办法去雇车，保证他们能水陆双行。这招果然有效，他们在盗贼的注视下上了岸，实际上是为金蝉脱壳，好混入人群伺机逃走。最终成功在仆人的掩护之下得以从竹林小路逃走脱身。

前面是老母亲，身边是夫人，还有姨娘们，还有稚子小儿，尤其还有一个刚刚生下来三天的小弟，冒襄压根顾不上小宛了。只是偶然间会回过头来催促她："你快点，快点走，再迟一步就跟不上了。"

小宛就那么一路跌跌撞撞，摔倒爬起地跟了过来，眼看着他扶老携幼牵着别人的手跟了过来。

后来到达安全地带，她在月下如是对他说。

当大难时，首急老母，次急荆人、儿子、幼弟为是。彼即颠连不及，死深箐中无憾也。

你首先保护他们是对的。即使我跟不上，死在竹林深处也无憾。

这样的话，我是想破了头皮也不知道她究竟是以一种什么样的语气说的。哀怨？没必要，国破山河在，城春草木深，那时候个人的小哀怨只会淹没在丧国的大哀怨中，她这么冰雪聪明的人不会不懂，不会花力气做这种无用功企图博得他的同情。乐观？真的把自己的生死置之度外，给他人作嫁衣裳铺路石，对着滔滔两岸潮作沧海一声笑，又实在是把她神化了，一个女人，形象何须如此伟岸，且这大无畏里着实渗出一股森冷的凄凉。

此后，他们一会返家，一会逃去南都，一会下江南，一会流寓盐官，总之如无根飘萍一样四处浮沉。那些小宛视为珍宝的诗书字画一路散尽，沉入江湖中，或是焚于战火中。

乙酉年，清兵南下了，又要开始逃难了。这一回，他们本来也是打定主意要自守的，可是战乱实在叫人不得安生，冒襄只得带着父母到城外的山庄去掩蔽一阵。

这个空荡荡的家，或者说空荡荡的房子，再一次独独交给了小宛一个人。

当时，冒家亲人只有八口。先前逃难仆婢众多，算是掣肘，才有诸多不便。这一次，冒襄想着要遣散众仆，因人少好办事，真要逃起来，一车就够坐了，也方便。他让小宛看着家里的仆人，不要随便带东西出去，以免节外生枝，自己就筹谋着这次的逃难计划。

谁知还没等他想好策略，家人们就已经大难临头各自飞，先行奔逃了，可见俱是贪生怕死之辈。他父亲就首先逃到了惹山。群龙无首，大家又变成了热锅上的蚂蚁。

冒襄实施了预备好的遣散方针，而首当其冲的这个人居然就是小宛。

此番溃散，不似家园，尚有左右之者，而孤身累重，与其临难舍子，不若先为之地。我有年友，信义多才，以子托之，此后如复相见，当结平生欢，否则听子自裁，毋以我为念。

大意就是，我给你安排了去处，可以把你托付给我的一位朋友。你去就去，不去就自己想办法吧。果然，前面的猜想中他是那第一种——还没有把她当做自己的亲人，还没有觉得她有这个资格能让他带着一起走。

他之前说“即侍两亲，挈妻子流离，亦以孑身往”，所以他永远只在意他的父母，妻儿。她董小宛是额外的一根寄生草，太平年代可以给她半碗薄土依附，烽火三月里，唯有叫她自生自灭罢了。又要说了，他只能承受幸福的爱，而不是辛苦的爱。

小宛闻言，说：“是啊，你说得对，他们比我重要百倍。你别牵挂我了，带他们去吧。我去找你的朋友，若留了半条命，誓死也要等你回来，若遇上了不测，以前我们观海的地方就是我的葬身之地。”

小宛说完了这一番话，冒襄就打算让她走了。

插个题外话。唐朝白居易有两个著名的家姬——樊素和小蛮。注意是家姬，就是连妾室的名号都没有，仅仅就是两个豢养在家中的歌妓，分别以樱桃小口和杨柳纤腰著称。

这一年，白居易觉得自己老了，不愿蹉跎了她们的好光景，就想着把自己的马卖掉，换点钱给她们离去。可是那匹马左右顾盼，频频回头，长嘶悲鸣，不忍离去。樊素也说：“主子你乘这匹坐骑已经五年了，它安安分分载驰，从没惊扰你的行程。素素我也一样，侍奉主子你有十年的光景了，兢兢业业，也没有什么过失啊。到了今天，马没什么毛病，还算健壮，而素素的容貌虽然已经不如年轻女子，但还没有到衰老的份上。这马在，驮着主子你多走一两步还是可以的。素素在，歌声到底可以劝主子多饮一两杯酒。如果我们都走了，就真是有去无回了啊。所以马自然哀鸣，素素也自然心如刀绞，这是马和素素对主子的情谊，难道主子你对我们真的没有一点留恋了吗？”

白居易怎么会是没有留恋呢，没有留恋他就不会作出“病共乐天相伴住，春随樊子一时归”这样的句子。他实在是因为自己老了，又一身是病，所以不想耽误别人，故而出此下策。

他写了那么多著名的诗篇，独有一首《不能忘情吟》体裁新颖，又一句一叹，感人肺腑，说的就是他和素素别离时内心的悲伤。

骆骆尔勿嘶，素素尔勿啼。骆反厩，素返闺。

吾疾虽作，年虽颓，幸未及项籍之将死，何必一日之内弃骓兮而别虞姬！

乃目素兮素兮！为我歌杨柳枝。

我姑酌彼金罍，我与尔归醉乡去来。

他领了马和素素的情，也看开了，他虽然老了，又多病，但比十面埋伏包围之下的项羽还是好多了，不用抛弃乌骓马，不用舍弃虞美人，不用在乌江自刎。

所以，马还是回圈吧，素素你也回到闺阁里来，再为我唱一支《杨柳枝》，我们一醉方休，只顾今夕，以后的事就留到以后去好了。

一个家姬，主仆之间尚能如此，同样是文人，不知冒襄那个时候怎么能狠心至此。

且白居易遣走樊素是因为自己老弱病残，不想拖累她。而冒襄要打发小宛，完全是因为多带一个人，他就不能“以孑身往”，不能带着家人轻装上路，认为她是负担，是怕她拖累了他。好在这个时候的董小宛似乎看破了一切，已经不是多年前那个黏人的董小宛了。对待任何人，任何事，不骄不躁，不卑不亢。你让我走，那我就轻声地对你说声再见吧。

小宛正要辞行，冒襄父母发话了，说还是让她留下吧。冒襄文章中说是双亲怜惜她，舍不得她。我倒嗤之以鼻，认为很有可能是怕她走了之后，碎银子会分不清轻重大小。

好在无论是什么理由，冒襄视父母的话为军令圣旨，小宛便得以继续留在冒家。

说实话，看了后面的文字，真想她还不如当时一走了之得好。

首先要继续逃难。

此后的三四个月里，他们不停地在深山老林，茅屋渔船间奔命。一开始一个月逃一回，后来就要一天逃一回，再后来一天要逃很多回，顶风冒雨，苦不堪言。最后还在马鞍山脚下碰到了杀人不眨眼的清兵，吓得魂飞魄散。幸好得到一条船，才得以保全一家老小。

其次就是生病。

不消细说，这样的惊恐万分中，给谁也要累得吓得一身是病了，小宛不是铁打的人，自然也不例外。

再其次还要带病照顾同样生病的冒襄。

当时他们回到了盐官，却因为这一路颠簸，已经散尽了钱财，而且连衣服被褥都没有了。他们去投奔一位朋友，可惜战乱时分人人都是自顾不暇，人家除了自保也没有什么能力了，只匀出一条毛毡大家一起睡在耳房里。第二天冒襄出去讨米讨柴，生火做饭，陆续才把父母亲眷带回家中。奔走之中，冒襄染了风寒，又得了痢疾。雪上加霜的是环境还很恶劣。家里什么都没了，把木板铺在地上当床，堆一摞棉絮做被子。熬的药都是些没什么大用处的桑枝柳条。所以从重阳之后，冒襄就浑身溃烂，到了冬至，整个人都要僵死过去了。这大病的五个月里，每天卷着一床破席守在他身边的不是别人，正是小宛。

来看看她是怎么伺候他的。

此百五十日，姬仅卷一破席，横陈榻边，寒则拥抱，热则被拂，痛则抚摩。或枕其身，或卫其足，或欠伸起伏，为之左右翼，凡病骨之所适，皆以身就之。鹿鹿永夜，无形无声，皆存视听。汤药手口交进，下至粪秽，皆接以目鼻，细察色味，以为忧喜。日食粗粝一餐，与吁天稽首外，惟跪立我前，温慰曲说，以求我之破颜。余病失常性，时发暴怒，诟谇三至，色不少忤，越五月如一日。每见姬星靥如蜡，弱骨如柴，吾母太恭人及荆妻怜之感之，愿代假一息。

他喊疼喊累的时候为他煎药按摩，或者他喜怒无常的时候她受打愿挨，这些都不说了。就连他的粪便，她都要仔细地观察，认真地分析，为它的颜色和气味或喜或忧。

忙到最后自己都要累死过去了，婆婆和正房才说一声——我们帮你一下吧。

这就是那个差点被他撵走的她，这就是她那段时间为他过的日子。

她说："我啊，用尽我的本事，耗完我的心力去服侍你就对了。只要你活着，我死了也跟活着一样。你要是有了什么不测，这兵火交错的，我能靠谁呢。"

读到这里，唏嘘之外，还想"嘘"一声——即便这些是实情，即便小宛已经爱他爱到无以复加的地步，也无需写成这样，写成一具"不要爱，只要爱"的受虐躯壳。这里，前一个爱是名词，后一个爱是动词。

她美，她更贤惠，她没有自我意识，她对他的男权不假思索地膜拜与承应。这不是一个女人，这是一个流于幻想的对象。作为读者，完全有理由大胆揣测，他是在意淫的思绪里，以男人的俯瞰视角，塑造出了这样一个十全十美的"范本"。

而如果小宛本人真是如此，那么，这段岁月便是灰色的，像是雾霾，风沙，尘土，一股一股，扑面而来。

但她是这灰色里的一抹亮色，不为粉饰，而是提气。就像在一碗油乎乎的肉上铺着一两条碧绿的青菜，这饭才叫人有了食欲，这生活才叫人有了渴望。

风大浪大，她都是喜鹊。

琐事中巨细靡遗的一点小小的美好都可以让她开心很久，或者连这点美好都没有了，只要有他这个人，甚至只要他欲图把她转手交付与的那个人和他有一点点关系，她都满足了。她一个双脚浸泡在风尘里那么多年的女人，面上的风光美艳全部撕掉之后，背地里的苦和痛吃了多少外人难以想象。也许不是今天这种发肤之痛，可内伤不是更叫人铭记深刻么。现在她转世为人的心愿得偿，似乎就再无别的乞求。她的一生早已在回归普世的那一刻画上了句号，她已足够圆满。这句号之后倘或还有续言，便都已无足轻重，她只需微笑。

一只喜鹊停在枝头，晴也无言，阴也无言，反正她已啼叫过一整个春天。

佚名诗 >>>

接下来的事就从这一首佚名诗说起吧。

这是全唐诗中的一首佚名诗，作者是一个七岁的女童。和湘驿女子或者宣宗宫人她们一样，女性的才华被历史的白眼冷落，成为游离在边缘的作者，这是再寻常不过的事了。

这首诗叫《送兄》，说的是这个七岁的小女孩送哥哥远行的事。

别路云初起，离亭叶正稀。
所嗟人异雁，不作一行归。

远路迢迢，暮云初起，长亭短亭，黄叶依稀。
可叹你我，不如雁迹，雁作一行，人两别离。

小宛读到这首诗的时候，眼泪落了下来。这是在丙戌年的正月初二。当时她在帮冒襄整理全唐诗，抄到这一首的末两句，泪水渍湿了墨迹。到了夜间，她还对这首诗念兹在兹，反复吟诵，甚至把它写成了绝句。冒襄不高兴，认为这在新年大过节里头很不吉利，就把她的诗稿烧了。

这之后并没有发生些什么，所以这个细节就像雨后的水洼在日光下蒸发，像背阴的残雪慢慢融化一样，没有留下什么痕迹。

这一年，冒襄的病已经好得差不多了。不过董小宛在他病中忙前顾后，关怀备至，已经心力交瘁，精神大不如前。

她不是一个好哭的人。光凭这个理由，我就十分看不惯那些道貌岸然的学者把她臆想成林黛玉原型这一说。她不喜欢金陵城里喧哗吵闹的生活，那么就想办法搬到苏州去。她不想再在娼门里徘徊来去，那么就想办法嫁人。她看中了冒襄，冒襄不要她，那么就想办法让他接受他。她嫁到了冒家来，也许并不是非常适应这种事事躬亲侍奉的日子，可既然已经踏上了这条路，不能后悔，那么就想办法努力适应。

她是我钦佩的那种人。有选择的机会就大胆选择，没有选择的余地就接受生活。

她很少哭哭啼啼。这一次流泪，或者是感动于诗文，或者也是神思苍茫之中预见了自己未来的履程。

次年，冒襄又发了病。

这次的病更加严重，是肠胃方面的，还忽冷忽热，总是出血。冒襄说他清楚这个病不是外因，而是心结所致，且前文有“谗口铄金，太行千盘，横起人面，余胸坟五岳，长夏郁蟠”一段，大意就是在那段时间，他觉得“人言可畏”。

当时正是南明政权自欺欺人的时候，而在此前，冒襄就拿出了绝不屈服的姿态。

比如小宛到金陵找他的那一次，复社的同仁们为她接风洗尘，一道观剧。观的是墙头草兼叛国者阮大铖写的一出《燕子笺》，当时他们就忍不住一边看一边在台下大骂作者。后来南明的幌子打了起来，阮大铖以“执贽”阮氏门下为条件，来邀冒襄任翰林院编修一职，冒襄严词拒绝，说“执贽”二字唾还之。阮大铖又羞又恼，四处命人追捕冒襄等人，他们这才踏上了流亡之路。所以我之前说漏了一点，冒襄不仅比钱谦益年轻，还比他有民族气节。他时时刻刻都不疏忽于让自已沾染那种所谓的英雄色彩，或者董小宛陈圆圆看上他，也有这方面的原因。张爱玲说过的，女人对于男人的爱总得带点崇拜性。

所以这一次，冒襄备受谗言困扰，极有可能是别人为他扣了和政治有关的什么帽子。女人之间的流言是暧昧模糊的，像雾。但是男人之间的流言就是清晰的了，一把一把如同刀子，割了他一个遍体鳞伤。

这次的病，病得他滴水不进了二十多天，糊涂医生又乱用虎狼药，更是弄得一团乱麻。有时候，他在病中能突然说很多话，没头没脑的，这就可见是在鬼门关边上打转了。不用说，接下来，还是要小宛成日带夜地服侍他。

姬当大火铄金时，不挥汗，不驱蚊，昼夜坐药炉旁，密伺余于枕边足畔六十昼夜，凡我意之所及与意之所未及，咸先后之。

不辞劳苦的六十昼夜过去之后，小宛总算把他送黑白无常手里夺了回来。她没有别的心愿，就是要这个男人，这个无数次不想要她了的男人。

到了次年七夕，就是她陪伴他走过的第六个年头了。

他们在黄昏的庭院里看暮色在墙头上溯洄游荡。小宛突发奇想把手钏脱了下来，然后用笔墨在手钏上临摹晚霞的姿态，还请冒襄在上面题字“乞巧”。冒襄想来想去想不出什么可以和“乞巧”对得上的词，小宛忽然忆起那年在黄山，看到一座大殿门前的香炉上题有“复祥”二字，就让他写了这两个字作为对称。最后，这双手钏被他们包装得非常精美，小宛日日不离手，就带着它。可是过了一年，这只手钏突然断了。冒襄又命人为她打造了一副，这次题的名字倒没有那么刁钻，只是夫妻恩爱常用的“比翼”、“连理”二词。

比翼鸟，连理枝，美好的意象戴在手上，却离他们很远。

首先戳穿这个谎言的，就是冒襄的三度发病。

这一次是背疽病，又病了一百多天，一如既往，还是董小宛侍于床畔才捡回了他一条命。冒襄自己也知道——余五年危疾者三，而所逢者皆死疾，惟余以不死待之，微姬力，恐未必能坚以不死也。

一个装满了钱的柜子，源源不断地取用最后也会空空如也。

一个充满活力的人，几次三番频频受累也终归难以支撑得住。

这样一而再，再而三地拖着疲惫的身躯去忘我地照料冒襄，小宛的身体就大不如前了。本来就是一介弱质女流，为他辛辛苦苦操持家业的这些年就已经够受的了，何况自己本身就有病，又历经战乱，四海流亡，再也经不起这样的折腾了，于是，在三年后的新春，如蚕丝吐尽的小宛与世长辞，享年二十七岁，葬于南门外的影梅庵。

春醒 >>>

开篇我说，她这一生短暂却未若流星一般因陨而落，追根溯源是因为这一个“宛”字。

《说文解字》中对这个字是这样释义的——宛，屈草自覆也。是一根春草带着韧性，形成弧度在微风里摇摆的样子。

红楼梦里有诗云“生于末世运偏消”，她也生在据乱的末世，但她能看清前途走向，规划好争取幸福的途径。谈不上运筹帷幄，决胜千里，但相比那么多在时代的齿轮中被碾为齑粉的姐妹，她终究还是成功的一个。

命，在天的手中，不可强求，也不是评判一个人的最终标准，浓缩的十年或许比稀释的一生更加精彩。但运，人力可以创造，一双残手打好一副烂牌，这是功力所在。她用她的“宛”做到了，旁人只能艳羡到无奈。

小宛去世的那天是正月初二。那年她为一句“所嗟人异雁，不作一行归”感伤也是正月初二。而这时，她真的要和冒襄兵分两路了。《藤缠树》里唱道：“连就连，你我相约定百年。谁若九十七岁死，奈何桥上等三年。”

冒襄三度脱险，大难不死，竟得长寿，活到八十二岁才逝世。不知道这后来的几十年，小宛的亡魂是不是一直倚着桥阑，看着奈河的水哗哗啦啦地流去，在那里等他。

也不一定会吧。很多人解释小宛对冒襄的感情喜欢用张爱玲的那句“见了他，她变得很低很低，低到尘埃里，但她心里是欢喜的，从尘埃里开出花来”来解释，但是男女之间的第一印象是至关重要的，不然小说里也不会有“一见钟情”、“惊为天人”这些词频频穿梭。

我一直怀疑董小宛爱冒襄的初衷，从三年前的不屑一顾到三年后的誓死追随，这反差太大。一句“余母新死，见君忆母”实在太过单薄。要说那些无力的言情故事里，男主人公因为女主人公长得像自己的母亲而心生爱意还说得过去。这堂堂七尺男儿久别重归后吊起她对母亲的怀念，就能叫她以身相许，这实在牵强，何况那母亲又不是正儿八经的母亲，只是一个利用她生财的婆子而已。

她那个时候急着想嫁掉，不是说想嫁他冒襄，而是说想嫁他冒襄所象征的那一份世俗生活。他陷于生死之境时，她竭力去救的也不是他冒襄，而是她得到的那份世俗生活里充当相公这一角色的男子，缺少了这个男子，这份世俗生活便磕掉了一角，不完整了。她以前身在风尘，就是因为她的人生开启的是一个非正常女子的模式，是不完整的，她好不容易把自己补齐了，怎么好前功尽弃。

她眼里的冒襄，于“夫君”、“相公”这类家常的亲昵的称谓，不是专指，而是借代。

她临终前虽然除了一身故衣之外只佩戴了那副手钏，但这并不能代表什么。反倒有个细节惹人推敲。“元旦次日，求见老母，始瞑目”，她死前一定要见冒老夫人。

电视连续剧《大宅门》很多人都看过，红粉须眉白文氏临终前留下的唯一一句话是什么？不许杨九红戴孝。杨九红就是她儿子白景琦娶回来的妓女。进了白家的门之后，白文氏没有给过她一个正眼，到死也不承认她媳妇的身份。

这里，董小宛临终前必要见了冒老夫人才能合眼，也是一个道理。虽然此前老太太倒不像白文氏那样霸道，大家相处得还算融洽，可退一万步讲，她终究是青楼女子的身份进来的，她就怕到最后他们到底不承认她。那这千辛万苦争取来的所谓幸福还是等于付诸东流。

说来说去，她就是要这在世俗“生”里“活”过一次的痕迹，要这么一个名义。

冒老夫人没有拒绝。想来这也是小宛日后能以“如夫人”这个称呼在冒襄的历史中居留的原因吧。

一息数喘，娇喘气幽。香喉粉碎，靡勺不流。

火灼水枯，脾虚肺逆。呼吸泉室，神犹媲婳。

这是冒襄在《亡妾董小宛哀辞》中写下的句子。一代佳人兰摧玉折前的一刻跃然纸上。

我先前以为，冒襄是在董小宛进门后才爱上了她，因为钱谦益替他把一切都安排妥当了，这“爱”没有后顾之忧，不费吹灰之力，他可以大胆地放心地去爱。只是后来，生活再度起了波澜，他爱她又有忧虑了，又要用力了，便再度动摇，想着丢下她，或者送予别人。

所以，但凡她活着，前方就有不可预见的危机在左右他的爱。那么他能长长久久轻而易举地去爱她，只有她死。只有她死后，他才可以永恒地不用披荆斩棘而是一路坦途地去爱她。

她死了，便不足以成为他的负担，便不会让他产生“是先爱她好呢还是先救父亲好呢”或者“是留下她呢还是把她送人好呢”这类困惑的选项。

他终于可以爱上一个不会成为累赘的亡魂。

这样的爱，因为荒诞，所以显出了苍凉。

但好歹，她死后，他终于能用一整颗心脏完完全全去爱她了，这对她，也算是个交代。

此后冒襄也有过一些其他的女人，但是没有一个人能在灵气上比得过董小宛。

“忆”字之奇，呈验若此。他如是说。他对她的怀念日益膨胀，甚至把曾经服侍她的婢女也晋格为自己的小妾，希望能看到一点她的倒影。

他想起了很多之前没有在意的旧事，那些瞬间如潜沉水底的锦鲤吐出的气泡一样缓缓上升，迎着被水涤荡过的日光一直升到波涛中心，升出水面，轻轻地爆破。

有很多是愉快的。比如乙酉年春天的时候，他们路过姑苏，看到她当年的小楼依然伫立在水畔。小宛昔日的姐妹们过来相迎，为她从良觅得佳婿而高兴。比如游鸳鸯湖，登烟雨楼，看桐江的急流拍打过碧绿的岩石。

也有很多事，透着凄怆，想起来似乎天定。

每一年新春伊始，他总喜欢在关帝庙里求一支签，占卜这一年的命运。

那一年他在金陵考试，意气风发，傲气十足，功名心也重，急匆匆求了一支，不过那上面的一首诗却似乎并非是预示他前程的。诗上说——忆昔兰房分半钗，如今忽把音信乖。痴心指望成连理，到底谁知事不谐。那是他和小宛重逢的一年，小宛一路送他回家，二人同游金山后，她返回苏州，也曾在关帝庙前虔心祷告，得到的竟然是相同的一支。小宛为此忧郁，很担心他们不能在一起。当时有朋友劝他，到西华门去求一支，结果还是这支签。

后来他们历经苦难得成眷属，他们就把这事忘了。

如今，她故去，他想起了这一支签，看看这些字眼，“忆昔”、“音信”、“痴心”、“不谐”，可算是一一应验。

而“连理”一词不光只是出现在这首诗里。那枚后来重新打造的手钏上，他不是也錾了“比翼”和“连理”么。《长恨歌》里说的，在天愿作比翼鸟，在地愿为连理枝。长生殿里的私语如此美丽，可玄宗和杨妃也不过落得了一个马嵬诀别的结局。贵为天子，大唐的明皇也只能在蜀道上听那夜雨霖铃断肠之声。他们呢，不是那金銮离宫里的人间龙凤，只是那红尘潮水中最普通的饮食男女，怎么能有力量挣脱出这个被下了咒的窠臼呢。

只是他欠她。

玄宗赠予杨妃一个光华灿烂的盛唐许她以国色天香去倾覆，而他呢，给过她什么。

庚寅年，在扬州，他与社里的好友们聚集在一起。大家酒后一齐为他得到小宛这一件美事写诗留念，其中龚鼎孳写了一首诗，还说："你当初遇见醉时的她是何等风流，必要你亲自为这诗补写了注释才算佳话啊。

他当时只顾着和朋友们饮酒取乐，便没有及时写。到了第二年，她去了，他再写已经来不及，即便写好，也只能和酒宴上的那些诗一样，成为追悼她的挽词。

"自昔文人称孝子，果然名士悦倾城"，"人在树间殊有意，妇来花下却能文"、"珊瑚架笔香印屧，著富名山金屋尊"、"锦瑟蛾眉随分老，芙蓉园上万花红"、"君今四十能高举，羡尔鸿妻佐春杵"、"韬藏经济一巢朴，游戏莺花两阁和"……

这些诗句要是在小宛临终前能念给她听一听就好了，她在这炎凉大地上摸爬滚打了那么久，喜愉的光景不过匆匆数年，能有这样的句子把这数年的喜愉封好，让她带去云间，这也就是他能给她最好的馈赠了。

至于龚鼎孳写的那一首诗，文中只载了一句——桃花瘦尽春酲面。

春醒，这两个字看起来就是一个迷媚的醉眼，单属于女人的情态。元杂剧里有一出《两世姻缘》，戏里有“虚飘飘半衾幽梦，困腾腾一枕春醒”之句。元稹的诗里也有“犹带春醒懒相送，樱桃花下隔帘看”，写得大约是一个午梦被惊醒的女子，春日的午后，微醺沉沉，醉眼惺忪，秋波流转，说一声不送，便又回内室去休息，那男子寻芳不得时，也懒懒地下了沉香楼去，青衣落拓，牵着白马，遥遥走到软风吹彻的长街上，一回头，却见樱桃花枝下，她正隔着细帘，目送自己远去，风过时，花落如雨，佳人嫣然一笑。

那么，他们那一年的相见，是否也是如此。

在水中央 >>>

日出江花红胜火，春来江水绿如蓝。

一条秦淮河，寒水白沙尚明，灯影桨声犹在，只是缔造了它这个末代奇谈的红粉美人们已四下飘零，河上空余一段段与她们有关的绝艳旧谈。故事里，她们以闭月羞花之颜、不栉进士之才和当时的文人名仕分庭抗礼。似这般风骨如梅，芳心魅影，却只能停留在泛黄的竖版纸页上，留给后人以无限遐想。

巍峨的鎏金皇冠跌入尘埃，煊赫的大明王朝不复存在。她们的琵琶歌韵，扇舞花姿像是乘着一艘精美绝伦的垂帘画舫，在秦淮的波心里遥遥远去，为那个背影依稀的繁华末代多情地殉葬。

当年粉黛，何处笙箫。罢灯船端阳不闹，收酒旗重九无聊。白鸟飘飘，绿水滔滔，嫩黄花有些蝶飞，新红叶无个人瞧。

你记得跨青溪半里桥，旧红板没一条。秋水长天人过少，冷清清的落照，剩一树柳弯腰。

俺曾见金陵玉殿莺啼晓，秦淮水榭花开早，谁知道容易冰消。眼看他起朱楼，眼看他宴宾客，眼看他楼塌了。

如这《哀江南》的曲词所说，帝业湮灭，与君长诀。

对于人生，冒董的故事至此可算到了终点。可对于人间，他们的故事却一直都没有完结。

秦淮河上，船娘艄公南来北往的桨橹在响，阁榭草台上霞帔水袖的花旦青衣们在唱，茶楼酒肆里吟风弄月的客人们在讲，这些密集的声音都成为一种奇妙的和声，潜沉在拱桥的月洞里，为他们的传说伴奏烘托，使得这段才子佳人的华丽奇遇在这波光粼粼的胭脂河上空如泣如诉，余音绕梁。

这奇遇里，小宛在他病重的时候对他说：“夫子生而余死犹生也。”你活着，我死了也是活着。而冒襄则在她死后缠绵自语：“余不知姬死而余死也。”她死了，我便也死了。

《牡丹亭》里说：“花花草草由人恋，生生死死随人愿，便酸酸楚楚无人怨。”既然酸楚的感觉已经以另一种惆怅滋味超脱于生死之后，既然酸楚已经尝尽，且“情不知所以起，一往而深”，死又是超脱于世外的另一种恬淡可能，那么他们这一世，彼此爱了多少，欠了多少，其实也不用再翻研探讨。

冰丝新飏藕罗裳，一曲开筵一举觞。曾唱阳关洒热泪，苏州寂寞好还乡。

只是读到上面这一首冒襄临终前不久所作的绝句时，我心里仍旧带着一种不甘，总是假设冒襄在暮年之时独自行于秦淮河畔。灯火初掌，晚照狭长，隔岸的歌台上传来改朝换代的管弦丝竹，那些前朝的遗民在阑珊的舟楫拍水之声中再度侃起昔年的笙歌往事与沉鱼伊人。说这江南水乡培植出的纨质佳丽是何等风华绝代，其中有一位女子籍秦淮，徙吴门，在风尘虽有艳名，非其本色……

那时，停下脚步的他会不会恍恍惚惚在水的中央看到她的笑脸。

会不会想，若有来生，最起码，他要比这一世再多爱她一点。

没有答案，河上唯有白茫茫的一片云烟。

晚来雪

裴之与紫湘｜武林｜香畹楼忆语

雪落入砚池融化，隆冬便有了倒影。

万籁俱寂也好，她能听清他的话，能在天外回答。

无声戏 >>>

自《影梅庵忆语》问世，“忆语体”也随之诞生，民间争相效仿，一时之间，似乎每家院落里都有一个和董小宛一样美艳多情的女人不幸辞世，以供略有文采的夫君哀悼。

《香畹楼忆语》便是这其中的模仿作品之一。即便作者陈裴之的朋友不在读者面前提醒一句“题曰《香畹楼忆语》，仍影梅庵旧例也”，我们也能从文名，以及文字之间明里暗里对《影梅庵忆语》的羡慕及嫉妒看出作者要撰写一篇奇文的志向。

功夫不负苦心人，这些模仿之作中，属它最为世人推崇。甚至《湘烟小录》的序言里陈裴之的朋友夸张到说出了这样的评价。

> 昔琴牧子谓非董宛君之奇女，不足以匹冒辟疆之奇男；今以余观孟楷、紫湘之事，遇奇而法，事正而葩，郑重分明，风概既远轶冒董，即就《香畹楼忆语》与《梦玉词》笔墨而论，尤非雉皋所及。

似乎它大有来头，具备青出于蓝而胜于蓝的气场。“远”、“尤”、“及”这几个字更是把前人踩在脚下。

没有读文章之前，还真的被这架势吓到。读完了文章，我便十分怀疑“水军”这种生物在古代就有先驱，或者陈裴之若生在今天，恐怕会是那种一口气买上百万僵尸粉的人。

没错，我就是在开诚布公地表明我的立场——这四篇文字里，最不喜欢的就是这篇。

如果不按风花雪月的次序排列，我首推《秋灯琐忆》，其次是《浮生六记》，然后是《影梅庵忆语》，最后是它。其实前两个的喜爱程度是不分伯仲的，但是前者的女主角被描写得有灵有美，爱美之心人皆有之，这一分加在了她的头上。

忆，是记忆，是回忆，是追忆。说得再美一点，比如张岱有书名《陶庵梦忆》。这应该是一种极轻柔，极温淡的感受。如同缫丝时浸泡在水中绵绵的蚕茧。

语，是细语，是软语，是低语。牛峤《菩萨蛮》里有“君裙香暖金泥凤，画梁语燕惊残梦”。它不同于“说”、“讲”、“谈”，更和“念”、“道”、“论”相去甚远，它是属于爱人之间的交流，是最私密的情话模式。像牛郎织女，平日里自然“盈盈一水间，脉脉不得语”，不过到了七夕，有鹊桥相助，地上的人就会“葡萄架下听人语”了。天风再大，也能听见他们的情话。

在这一篇里，显然很多地方是文不对题的。

坏就坏在作者急火攻心，为达到一种怀念之境而下笔如浓墨重彩，很多地方出现了违和的锦绣诗词，一通铺排之下难免分散了文章的精气神，削弱了情感本身的力量。比如《秦淮画舫录序》，前不着村后不着店，突兀地横陈在那里，像一具美艳的塑料裸模。

若说是在模仿李商隐西昆式的华美，可又处处点破，欠了李诗的那种朦胧和私密感。

我一度带着阴暗的眼光，试做诛心之论，推测在他陈裴之的心里，是不是觉得紫湘的死亡对他来说倒是成其好事了，他可以借此完成一部鸿篇巨制，便能与他崇拜已久的冒董情事比肩，得以流芳百世。

这种情况，曹雪芹的眼光是最老辣的，早就看得一清二楚，于是在《红楼梦》的开篇就毫不留情地讽刺了一番。

至若佳人才子等书，则又千部共出一套，且其中终不能不涉于淫滥，以致满纸潘安，子建，西子，文君，不过作者要写出自己的那两首情诗艳赋来。

用力，往往适得其反。设计，总是不及天然。

这个道理，明代著名的书法家傅山解释得再清楚不过了。他写字“宁拙毋巧，宁丑毋媚，宁支离毋轻滑，宁直率毋安排”。

而陈裴之的文皆是落在了此类下风之处。

况且，既然是忆语，便并非虚构。那么纪实就该守纪实的规矩，要的就是这一个“实”字。他却粉雕玉砌了一大圈，把往事写成了活生生的一出戏，戏台上的人敷粉涂彩，不见真容。也或者，这便是他求的一个结果，希望自己的人生在后世的眼里具备一种戏感，一种传奇属性。

只是大音希声，从来好戏都是静默的，那锣鼓琴笛一通乱响只求喧哗取宠的，与无声戏比起来，噱头虽多，却实在不够耐看。

好在厌屋不及乌，这篇文章的视角和手法虽不入上流，但文所出现的女性角色还是不乏美者，且各有姿态，可堪回味，欢泣喜悲之间很有入太虚幻境，见众女史拨弦起舞的感觉。

好吧，既然是戏，那就用看戏的眼光去看，入不入戏就在观众本身了。

大宅 >>>

现在，你可以假想一下旧日的杭州，天上飘着微雪，一处依水的江南宅邸，门户缓缓洞开，里面是什么样的情景呢。

穿堂游廊上身着银红绣袄的侍女们捧着插瓶的梅花来来往往，内帏深处传来后宅女人们茗茶闲谈的浅笑，白画眉在廊下垂着的一根竹竿上微微蹦跳，和雪色融为一体。这样一个一夜朔风紧，万户门楣白的初雪清晨，皎洁的空气里流动着属于女人的暖和香气。它从她们的唇齿和发丝之间飞来，把素白色的腊月漂染成草长莺飞的春天。

你跨过一重一重的门往里走，丫鬟们纷纷散开。在正堂上，你会看到这座大宅的女主人龚玉晨。她梳略过时的圆髻，两侧皆有婢女侍奉，手持念珠，慈眉善目，虽已有老态，但年轻时卓越的风姿细看之下还是可以瞧出端倪的。

她是山西寿阳县知县龚导江的孙女，国学生龚乐的长女。她年轻的时候，老爷喜欢叫她的闺字羽卿，但后来为人母，人前为持重，这个旖旎的称谓便尘封在时光深处了。她是老爷的表姐，长他一岁，乾隆五十七年嫁来杭州陈府，次年诞下长女陈华娵，后一年又诞下长子陈裴之，嘉庆四年生次女陈丽娵。

她擅长诗文字词，辅助老爷陈文述先生编撰了长达十六卷的《西泠闺咏》。只是常常自谦，说久不沾诗文几乎要提笔忘字，风雅之事还是交由年轻人去做。

你再随丫头们往前走，转过抄手游廊入了后院。花房的湘帘一开，眼前是一位梳堕马髻簪竹钗的素衣妇人，她眉眼纤细，静若凌波，手持一卷花谱打量着外头送进来的一盆金边瑞香。她便是老爷的侧室管筠管姨娘，字湘玉，但老爷多是称她鸥波，缘起老爷赠她的一首诗——掌书捧砚坐桐霞，七字新题写碧纱。解为寒光惜佳侠，鸥波仙子碧城花。

在这个以其雅号命名的书房里，她著写了自己的文札《小鸥波馆诗集》。惜才又惜美的老爷更是以"闺房之侣，向为鸥波"为荣，一时之间传为美谈，羡煞一批民间文人，大家都说"莫向鸥波亭上望，风流只一管夫人"。

这个能在《咏西湖诗》里豪言"若把西湖比西子，西湖应是美人湖"的美人显在这座宅院里有着举足轻重的地位。

出了花房，在那背风口的水榭里坐着的便是老爷另一位更年轻一些的妾室，芳名文静玉，小字湘霞。她时常穿着水红色的斗篷在雪地里行走，如同新开的一树照水梅花。

老爷疼爱她，还变通了管筠的诗句，改作"诗吟第二美人湖"来形容她。而她也确实担得起这个名号。因她不仅擅长诗文，写有《小停云馆诗钞》，还擅长制印，乃一刀老手，更加了不得的是她在书画方面还颇有造诣。她爱画成痴，以至于自己本是高姓，却为着仰慕同为姑苏籍的才女文俶的丹青而改姓文。

她倚在阑干边，喝一口茶看一眼书，吟着“宋齐霜雪梁陈月，玉蕊冰花尽耐寒”的诗句，俨然如同这冬日庭院里的一景。

一池相隔的佛堂里传来晨钟，走近时你可以闻到檀香的清气，听到木鱼的声音。再静一些，能听到手上的念珠在一颗一颗地轻响。

这是太夫人——老爷尚还健在的母亲，也是这座宅子最高权力的象征。她娘家姓查，父亲是国学生敕授文林郎，也算书香世家出身。她和老太爷陈履中风风雨雨走过了这么多年，虽时常有小疾，但与同龄的翁妪比起来已算康健。

自佛堂再往深处走，便是画楼。楼上，老爷另外两位侍妾——蒋蕊兰和薛纤阿。一着朱衣，一着翠衣，在高高阁楼上对弈，掩映着楼台，如花红柳绿。蕊兰喜静，存诗不多，都收录在《杭郡诗三辑》里。纤阿更加灵秀，和静玉一样来自人杰地灵的姑苏，且也通诗画，极擅蝴蝶图，不仅如此，她还和管文两位姨娘一起编辑了《碧城仙馆摘句图》。

而画楼西畔便是陈府得以驰名的女学私塾了。

女学在清朝是个非常独特的存在。

《中国妇女史》中曾经这样描述清朝女人们的生活——取前此二千余年的妇女生活倒卷而缫演之，如登刀山，愈登而刀愈尖；如扫落叶，愈扫而堆愈厚。

刀山是她们所面临的危险，落叶是长久以来堆积而成的宿弊，那个女性人权丧失的年代，仅仅举出空前兴盛的缠足一例便无需再画蛇添足地补充太多理由。

但是祸福相依，或者说衰及而盛，浴火重生，迫害如此之大的情况下，反而石压笋斜出，她们得到了一些新颖的释放自己的机会。女学出现了。

这里就要说到前面一段话的原型——梁启超在《清朝学术概论》里的观点。

有清二百余年之学术，实取前此二千余年之学术倒卷而缫演之，如剥春笋，愈剥而愈近里；如啖甘蔗，愈啖而愈有味。

文化的环境返璞归真，女人们登完刀山鲜血淋漓的双足也有权踏涉其中了。

清朝之前虽有《女诫》、《列女传》、《女训》、《女史》等等专为女子著写的妇人宝典，但时代不同，环境不同，为量体裁衣，清人蓝鼎元编写了《女学》，淬炼前人的精华，算是后来一系列女学类著作的集大成者。

纵观这本书，以及之后出现的《教女遗规》、《女学言行录》、《女范捷录》，不难发现，对于女性的教育，这些书籍仍然停留在妇德、贞操、母仪、孝道这些层面，女性还是无法得到释放。打个比方，小学生每天在学校听课做题，回来之后父母说我给你买了趣味阅读的书，兴致勃勃地打开，里头却仍然是枯燥乏味的作文规范。

不过，清朝女性和今天的小学生自然是不能同日而语的。

九年义务教育体制下，凡事宁滥勿缺。而清朝女子们的境遇恰恰相反，学识字能阅读已经很了不起，所以这些书面化的三纲五常虽然没能滋润她们的心田，但好歹让她们受到了重视，让那个男权如天的时代还意识到女人的存在，意识到女人们对受到文化教育的渴望。

女学私塾应运而生，闺阁操练悄然兴起，这其中的带头人要属诗人袁枚了。

他的居所叫做随园。这个园子始终和女人保持着藕断丝连的关系。它的前一任主人叫隋赫德，再前一任主人叫曹寅，没错，就是曹雪芹的祖父曹寅。据曹家亲戚的回忆，以及袁枚在《隋园诗话》中的相关记载，这座园子就是那个收容了无数女怨男痴的大观园。

《红楼梦》备记风月繁华之盛，其中女子倩影更是最美的一笔。在这个园子里，大家扑蝶赏花，饮酒行令，品蟹烹雪，弹琴赋诗，极尽世间风雅之事。而奇词妙诗多是出自婉娴芳心，倒把宝玉这个七尺须眉生生比了下去。

若干年后，到了一九一三年，中国第一所女子大学在这里成立了，毕业人数恰巧为九百九十九人，时称九百九十九朵玫瑰。

而在此之间，女学芬芳未曾断流，袁老先生坐下的二十余位女弟子人人身怀绝技，成为乾嘉时期一道别样的风景。

男女同室，众芳嬉喧，自然有人质疑袁枚这一套是孔孟的面子，娼盗的里子，他大大方方也不避讳，说："余好诗如好色，得人佳句，心不能忘。”不啻打了那些腐儒们一巴掌——你们看女人始终都只是识得好皮相，心里哪还有地方去盛放她们的才华。

袁枚为这些如花才女们“淋浪涕泪”过，又说“得一知己，死可无憾”。而今天，当我去读他那些巾帼弟子红粉知己们的诗作，也一样感叹，倒不是感叹自己生不逢时，没能在数百年前与她们相识，只是为她们遗憾，若她们是男子，若她们生在属于诗歌的大唐王朝，今天何以致淹没在偏僻旧籍里，无人得知呢。

几十年以后，一群同样才貌双全的佳人出现在了杭州的陈家庭院。

陈文述，嘉道年间女学的积极倡导者，门下弟子如桃李满天下。

时代变迁，少了很多程朱理学倡导者们对于女学的阻挠，又怀抱着对蕉园五子之类女性集会的雅慕，这些女学生心气日高，眼界渐宽，诗作已经有了新的气象，早已不同于先前女性诗词多是闺怨伤怀的纤小格局。

在《中国女性文学史话》中，我们不难看出她们千人千面，各尽所能的本事——陈氏门下，有词人，有曲家，家庭内外有小说家，济济一堂，尤称多才。

十三岁就能写诗的张云裳，有“穿云惯舞双龙剑，踏月能开十石弓”之句。其夫乃翰林院的青年才俊汤云林。

当时女性文坛的翘楚沈湘佩，夫君是吏部郎中武凌云，且不说她的另两部著作《鸿雪楼诗选初集》和《鸿雪楼词》，单单一部《名媛诗话》就可以让她在今天的文学史上仍然占有一席之地。

诗词绘画莫不精通的才女吴藻，娘家婆家皆是商贾人士，倒有她偏偏出落得这样文采斐然一枝独秀，诗画之外更能自制乐府，一时姑苏城里家家传唱。

另外，还有擅长剑术兼及医理的吴归臣，自给自足卖画为生的冷傲美人汪琴云，既通音律又能制笺的钱守璞，人物画高手王兰修、辛瑟蝉等等，不胜枚举。

而这其中，有一个人是最特别的。

粉围香阵起云台，多少娥眉上将才。精卫有心填海去，娲皇无术补天来。

碧含玉质层层璞，红堕花英点点苔。闲与麻姑话遗事，一杯清浅隔蓬莱。

这首为陈文述《沧桑花月录》而吟咏的诗作出自一位名叫汪端的女子口中。她的特别之处在于她不仅是他的学生，还是他的儿媳，《香畹楼忆语》作者陈裴之的正妻。

老规矩，我们先来看看她的家世。

她的祖父汪宪经营过当时最著名的藏书楼之一振绮堂，门上来往的都是文化界的名流。父亲汪榆虽然隐居不仕，但也颇有才学，不然汪端和她的姊妹弟兄也不能个个都在幼龄就会读书作诗。母亲梁瑶绳也是书香世家出身，只可惜她走得早，汪端可以说是她姨妈一手带大的。这个姨妈就厉害了——梁德绳，弹词家，作家，书法家，篆刻大师，还通音律会弹琴。她最著名的经历应该是为才女陈端生续写了弹词作品《再生缘》，就是那个广为传唱的孟丽君的故事。梁德绳的丈夫许宗彦是当时兵部的主事，也是天文家，作家，藏书家。他们的五个儿子，也就是汪端的表哥们，不是擅长作曲，就是能编写传奇，反正也都做着和文化有关的事业。而再回过头去往上看看，她的太爷梁诗正是雍正年间的探花郎东阁大学士，她的伯祖梁同书是大书法家，她的表叔祖张云璈是著作颇丰的文学家，她的两位表舅钱树钱杜都是画家……

生在这样一个瑰美的大环境里，想要不受熏陶都难，所以十岁的汪端就已经有了“一夜梨花雨，田畴新水生”这样清新的句子。

时日见长，诵书渐多，汪端对诗词很有了一番自己的见解。比如她一开始最喜欢的诗人是吴梅村和高启，后来独爱高启，因“梅村浓而无骨，不若青丘澹而有品”。

才需有人惜，这个大文化圈里的朋友都十分关心汪端日后的终身大事，汪榆也是四处托人打听寻觅，终于，陈裴之的《春藻堂初集》入了他们的法眼。当即请了友人华秋槎两下里走动说合，嘉庆十二年陈汪两门便缔下秦晋之约，又过了三年，汪端入陈府为新娘。

很悲哀的是，汪端长兄汪初在此之前去世了，而且死在遥远的蜀中军队里，汪端没能送他最后一程，他也没能送汪端上花轿。父亲汪榆白发人送黑发人，自然沉痛伤心，忧病之下，没过多久也一同去了。她娘家荣煊一时，而今却逐渐零落，父亲一直坚守着对母亲的爱和对子女的期望没有再娶，辛苦半生，最后却没来得及分享她的幸福，汪端当然也很伤心。

好在陈府女眷众多，公公陈文述又一向对才女青眼有加，这就还算是一丝安慰了。

至于丈夫陈裴之，尽管早期他们有过一段“花落琴床春展卷，香温箫局夜谈诗”的岁月，被人看成是赵明诚李清照或是祁彪佳商景兰这样的绝佳配对，他们的婚姻还是埋伏着很多隐患的。这个，我们后面再说。

说了这么多人，这么多事，这么多诗，我并非是在如数家珍以展示自己的调研成果。只是想告诉诸位，接下来，这个即将和公子陈裴之产生爱情的小姐紫湘就是要迈步走进这样的一个大家庭，一个被浓厚的文化气息陶冶成艺术沙龙的大家庭，一个连小丫鬟看到花啊草啊都能即兴赋诗的大家庭。在这家庭里，女子无人不美，无人不有才，所以她脱身于风尘之后，一来要如董小宛那样洗去青楼艳气，学着怎样做一个良妇。二来，还要保持以前在勾栏里以诗词与高级客人来往酬答的习惯，并让才华以正规的路数施展。

这对于任何人来说都是一种挑战。

兰因 >>>

现在，让我们一起乘船回金陵一趟，因为女主人公紫湘小姐的籍贯也是金陵。

不过故事发展得还没有那么快，尚未轮到她上场，首先要露面的是她的欢场姊妹幼香小姐。这位幼香小姐的母亲是当时声色交际圈里的红人停云女士，大家对她的评价是“红妆之季布”。季布是汉朝的一位著名的游侠，这么说，是赞她豪爽仗义。这种性格的人大多明人不说暗话，直来直去。她听说了陈裴之的诗名，请晴梁太史申先生替她放出了话，说她有一位爱如珍宝的闺女叫幼香，打算择他为婿。

不过这个好事没成，因为我们的陈大公子和冒襄一样有着一颗超强的孝心。在此之前，他说了一下家里的现状，算是他久未纳妾的原因。

他说他父亲在嘉庆二十二年的冬天被免职回来了，官场上行走那么多年，老爷子自然是心力交瘁，一时便病倒了。

这时候不巧，龚夫人和陈裴之也生着病，都带病照顾陈老先生，而媳妇汪端更是吃斋绣佛，祈祷公公身泰体健。后来陈老先生吃了陈裴之从华佗庙里求来的几副药，身体渐渐好些了，大家也不敢怠慢，时刻悬着心。

这之后，陈裴之和汪端开始分居，而且一分就是四年。

面上的原因可能是为避却男女之情，能潜修佛道好求佑一府平安，但是事实上，他们夫妻可能过得并不幸福，最起码并不像外人看得那么幸福。

首先，不久前，汪端的姐姐去世了。

她母亲走得早，父亲和长兄又相继去世，娘家已经没什么人了，姐姐再一走，对她的打击绝非一般。再者，她和陈裴之的长子孝如亦在满月时就早早夭折了，而长子在过去的人心目中是有着非比寻常的地位的，不然王夫人一旦碰到难处也不会悄悄流泪哭喊“我早死的珠儿啊”。后来，汪端又生下了次子孝先，可惜她命不好，孝先没能像王夫人的贾宝玉一般丰盛俊美，相反，资质平庸外形孱弱。没有贾环那么多坏心眼，但是大貌和他差不到哪里去，不讨府上人的喜欢。

生养方面的差错，即便到现在，也是归罪于女人得多。他们的孩子排在“孝”字辈，显然是个讽刺。古人说“不孝有三，无后为大”，生出次品比不育不见得好到哪里去。

那时候的汪端可能也听了不少闲话。所以索性借着为老爷太太祈福这个理由退避三舍，分房而居，专心写书念经。

她长期负荷编选诗集，往往天亮了还未上床休息，导致恶性循环患上了失眠症，自此，汪端的身子也大不如前了。

她在前线冲锋失败了，那就得找候补军啊，不然忝居其位不谋其政，还要得落一个“不贤”的坏名。或者找个人来替她分一分肩上的担子也不是坏事，因为他们的婚姻渐渐已经有名无实，形同虚设了。总之，汪端开始留心给陈裴之物色人选，还致信姨妈和嫂嫂，请她们帮忙看着点。

不久之后有了消息，汪端听闻姑苏的湘雨、伫云以及兰语楼的诸位美人都对她男人有意思，便恳请龚夫人为陈裴之纳妾。

如你所见，陈裴之的模仿范围绝不局限于“忆语”这个文学体裁，冒襄的水仙花一般夸张的自恋也顺着明山清水流淌到了他的血管里，并且得以发扬光大。

冒襄不过是多出了一个陈圆圆，他这里的场面大了，几家知名会所的姑娘都为他倾尽柔情，请跟着他的笔触意臆出那万花楼的中央，四面窗闼皆洞开，他站在朱红的楼梯中央，随着大家抛来的彩屑金粉手绢玉佩，缓缓回身，挥手致意。好一个红粉丛中游刃有余。冒襄不仅数量上不如他多，名声还传得不如他远呢，他可是跨省的，可是在姑苏金陵两大都会都吃得开的。

更了不起的是，她的正房夫人通情达理，丝毫不介意风尘女子的身份，积极促进这样的“良媒”。

真不知道这自信是从何而来。

要说冒襄有声名，我信，毕竟人家是复社四公子，作为那个时代最著名的文艺团体之一，江湖上有一二女子为之绝倒，这是正常的。可他陈裴之的能耐在哪里我就不清楚了，榜榜无名，四处游幕，看遍他的诗作，也多是华丽辞藻堆砌而成的泛泛之作，要说有些名声，除了借父亲的影响力上位，别的还真没有什么突破口。况且前面水军都说了那样的溢美之词了，民间传说的“神清似卫叔宝，才略似温太真，文章经济似贾长沙，风流儒雅似周公瑾”可信度有多少，我是真的存疑的。

不过人家既然这么说了，我们就先信了吧，不然接下来想继续模仿冒襄就无计可施了。

冒襄为孝道拒绝佳人是《影梅庵忆语》的一大看点，他这里自然是要沿袭的，便滔滔不绝地对汪端说：“盖大人乞禄养亲，怀冰服政，十年之久，未得真除，相依为命者千余指，待以举火者数十家。重亲在堂，年逾七秩，恒有世途荆棘，宦海波澜之感。余四踢槐花，辄成康了，方思投笔，以替仔肩。满堂兮美人，独与余兮目成。射工伺余，固不欲冒此不韪。且绿珠碧玉，徒侈艳情，温清定省，孰能奉吾老母者？采兰树萱，此事固未容草草也。”

大意就是——不行不行，祖父和父亲都老了，我要扛起家庭重担。可是那些美人为什么偏偏看上了我。不过就算她们美貌可以和绿珠碧玉鼎足而立也不行，回来不一定对我父母好，这事不能草率。

可一时之间，陈裴之笔下的自己八面来风，这边刚表完孝心，那边停云女士就传了话过来了。

陈裴之写了几首诗寄到了金陵去，谢绝了她的美意。

诗中一会说“桃花扇底人如玉，珍重侯生一纸书”，一会说“当筵一唱琴河曲，不解梅村负玉京”。反正就是千方百计把自己和明末的文人挂钩，分得一点韵事的风味，凸显出那种辜负女子好年华的歉意，尽管这歉意里，明眼人都能看出一点得瑟。

幼香小姐本人不知道有没有看到这几首诗，其实看到也无妨，从后文看来，人家不久就出嫁了，从来没打算在他这棵树上吊死，或者她对他压根没有过什么意思，都是听凭母亲停云女士在做主。

而巧就巧在阴差阳错之间，这封信飞到了紫湘的窗畔。阅毕，她对他的才华大加赞赏。

后来回忆起这事，陈裴之不免感叹——絮果兰因，于兹始茁矣。

兰因，看起来是个很美的词汇，自然也是用来形容很美的际遇——人没有相见，先用诗句暗通款曲。而且她本就喜欢兰花，名字里又有一个“湘”字，合上湘君水滨采摘杜若的典故，于是看这个词，好像就能看到紫湘恭着衣袖在兰花的花心里遥遥走来，站在花瓣上迎着微明的天色浅浅微笑。

可兰因之前偏有“絮果”二字——如柳絮一样随风而逝的结果。这叫人原本一颗欢喜的心为之沉寂，似乎眼见她在花瓣上滑落，随着白昼到来前的最后一缕长风，融入暮春时节漫天的飞絮，日夜不息地飘向天边。

纫秋 >>>

纫秋。又是一个好看的词，又是与兰花有关——扈江离与辟芷兮，纫秋兰以为佩。

这是他们初见的地方，叫做纫秋水榭。

正月下旬，一天快雪时晴，陈裴之准备游秦淮，经过了秣陵。

好友仲澜对他说："你来得巧啊，之前说准备要许给你的那个幼香小姐要出嫁了。我们去看看她吧。"这情节和《影梅庵忆语》也很像，似乎文人们之间非常乐意分享女人的消息。

大概是抱着做不成爱人可以做朋友的态度，陈裴之便也去了。在那里，他遇见了他日后的爱人——小字紫湘的美人，王子兰。

紫湘，幼香，与停云女士之间是什么关系我不太清楚。这个名叫纫秋水榭的地方是一个什么场所文中也没有交代。也许紫湘和幼香一样，是停云女士抚养的女儿。也许只是停云女士在即将嫁出幼香前，于纫秋水榭召开了一个晚会，紫湘作为圈内的朋友到场恭贺。

不过这些，都因为他们的相见而变得非常次要。

她大概本来正拥着狐领大氅倚着阑干看月光下尚有薄冰的水

面，听到帘外有细碎的人语，便让丫头出去瞧瞧，不一会传了话来，说是杭州的陈裴之陈公子。

惊喜之中正欲整衣相迎，他却已款款走来。如沐春风。

他这样描绘当时的场景的。

余与紫姬相见之次，画烛流辉，玉梅交映，四目融视，不发一言。

香烛静静燃烧，漆绘的家什染上轻柔光影。画屏之下，梅花横斜，与之辉映。他们在这寂静也变得灵动的时候，唯有四目相投，不着一言。

仲澜在一边看了，只是和幼香二人窃笑，还拿《冒姬董小宛传》里面的话打趣他们，说："主宾双玉有光，所谓月流堂户者非耶——大概就是你们俩这样吧。"

惹不起躲得起，他们便相携着走到隔壁的碧梧庭院里饮酒去了。

树梢上是硕大的满月，树下是绿蚁新醅酒与红泥小暖炉。陈裴之说不胜酒力，紫湘便撤了酒具，煎上茶。水在壶中咕嘟咕嘟冒泡时，紫湘开始将自己对他、对他家的了解情况娓娓道来。陈裴之很惊讶。紫湘说："天涯若比邻，很多事并不一定要等到互相见面认识之后才能有所收获。老先生弟子众多，名满江浙，我纵然身在风尘，但绮宴花席之下，那些女子的芳名也还是能有得知一二的机会的。再者，公子前些日子寄来了写给幼香的诗句，我也有幸拜读。不过容紫湘斗胆责备公子一句——幼香现在虽有所属，但毕竟是远嫁，之于我们这样的人来说，千里迢迢去那人生地陌之处，不好说是幸福还是不幸。那么，公子说，这是不是该怪罪于公子你呢？”

她机敏善辩，他就只能微笑着哑口无言。

紫湘又说：“公子是诗书之家出身，写一首诗来铭记这个错误，对公子应该不算困难吧。”

不由分说，紫湘已经入了内室铺开纸张，研墨蘸毫。恰此时，远处的楼阁里传来幼香的一折《寻梦》。陈裴之诗兴浓起，执笔而题。

如花美眷水流年，拍到红牙共黯然。
不奈闲情酬浅盏，重烦纤手语香弦。
堕怀明月三生梦，入画春风半面缘。
消受珠栊还小坐，秋潮漫寄鲤鱼笺。

《香畹楼忆语》不是单纯的散文，它糅杂了大量的诗句歌赋，每一首都精雕细刻，作者力求达到一种华美无伦的境界。

而舍本逐末之下，和另三篇的直抒胸臆或者幽微婉转比起来，我个人觉得他处理的方式免不了要稍逊一筹。况且里面的诗词大多除了文藻辉煌一些，并无可取之处，读罢即忘，没有什么深刻的印象。

那时，他为表对幼香的歉意又一连写了四首，上面这首我还比较喜欢。

拍到红牙共黯然，有种曲终人散的清冷之感。红牙，就是红牙檀板，奏乐时的一个打击乐器。它前半句就不用再解释了，是

《牡丹亭》里的一句唱词。

幼香在那边的暖阁中低吟浅唱已如戏中人渐入佳境，这厢他写下如斯诗句算是慰解离情。而你很难说他是真的对这个初次谋面就将远嫁的女子心有所感，还是这类相思别离情迷惘然的句子于他来说是探囊取物。

倒是紫湘之举，颇有些意思。照道理，她对陈裴之早已倾慕，终于得缘相见，很该竭力把他的目光留在自己身上，况且从下文看来，她也早已有了以身相许之意，此时应使出浑身解数拴住他的心，而这样让他为别的女子分神似乎是不智之举。

其实不然。

一来，她要定一定他的心。

之前幼香要嫁他，他不要。现在幼香要出嫁了，他又来玩。紫湘作为外人不清楚他们之间的际遇，倘或他们有前缘，他仍对她有意，她这一番语带双关能给他提个醒——幼香佳期早定，木已成舟，如今在你眼前是我紫湘，若追悔，已不及，请怜取眼前人吧。

二来，她要试一试他的才。

前番传来的诗作，她虽喜欢，但也不清楚是不是他写的。冒名、代笔、抄袭这种事，可不光是现代文坛才有的劣迹。她这样做，不啻当了一回主考官。国家选贤要层层筛检，她择婿也不是过家家，说嫁就嫁的，大家最好来个双向考核，免得以后露馅不好给对方交代。

三来，她要验一验他的情。

这时候，她不是一个膜拜男人的女人，而是一个同情女人的女人，她与他暂且还只是一面之缘，但是和幼香不是发小恐怕也算知交。她就是想看看，这个辜负了幼香和停云一番美意的男子，是不是真的对此无动于衷，仿佛事不关己。一个有情的人，对万事万物都有情。他对幼香无情，日后相交，未必不会如此待她。

怕是有人要说我小题大做，她紫湘不过是让他陈裴之写了几首诗而已，就说了这么一车话，或者紫湘就是天性单纯，想让他留诗为念呢？

我想解释的是，首先她不单纯，后面有诸多细节可以看出。其次，“单纯”这个词对于欢场中的人恐怕不是赞誉而是讽刺，这和高等学府培养出蠢材没有太大的区别。

读完了诗，紫湘很满意，发话了。

夙闻君家重亲之慈，夫人之贤，君辄有否无可？人或疑为薄幸，此皆非能知君者，堂上闺中终年抱恙，窥君郑重之意，欲得人以奉慈闱耳。

“疑为薄幸”四个字前面虽然有“人或”作为前提，但真心信任一个人只会沉默不说，她这么说，还是对以前听到的一些风言风语有过困惑，曾经怀疑他的人品，或者说“情品”。这也就证实我上面的第三点。

通过写诗的流程检验完毕之后，她大为放心。倒是这手段实在值得商榷，对于自负的文人来说，文字是最好的遮掩方式，写得比说得好听好看多了。

但是她信了，而且旁敲侧击，说了纳妾的事，说完了又写了一首诗给他——烟柳空江拂画桡，石城潮接广陵潮。几生修到人如玉，同听箫声廿四桥。

石城就是石头城，指金陵，而之前陈裴之在广陵逗留过，那里最著名的景色当属年年桥边生红药的廿四桥。所以，这“接”、这“几生修到”、这“同听”所包含的投送之意，不知不觉间已显山露水。

陈裴之什么态度？文中没说。

从后文的语句看来，很有可能是无可无不可的回答之类。他一会说月亮西沉了，乌鸦在啼叫，一会又说露浓马蹄滑，一会又说“人面不知何处去，桃花依旧笑春风”，一会又说内心黯然。大约是因为自己不能及时给她有力的允诺而怀抱遗憾。

这边，紫湘的急性子也和董小宛一模一样，托申先生递了信来。这个申先生就是之前帮停云女士传话的那位，陈裴之文中称他为“丈人”、“年丈”，有可能他是和陈文述同年登科的伯父，也有可能和停云女士有暧昧关系，属于固定客人之类，大家以婆媳丈婿戏称。但我看他不像丈人，倒像个爱情话务员，不辞辛苦地在晚辈们中间做着转述情思的工作。

陈裴之没有载录紫湘的信，而是又写上了一首诗记下自己当时的心情，说“眼中翠嶂三生石，袖底金陵一纸书”。说到了“三生石”，事情就比较明了了。他有这个心。

具体原因是什么？同是风尘女子，同是申先生传话，同样也只有一面之缘，同等条件之下，紫湘比幼香胜出在哪里？我是庸人，想来恐怕还是紫湘的容貌要更上一层。美，哪怕天崩地裂，海枯石烂，都是男人永不可抗拒的重要因素。再者，紫湘不流于艳俗的一番深明大义之词恐怕也颇得他心，他娶她回去，双亲就能有一位贤惠女子去侍奉，汪端口中“自虑心耗体孱，不克仰事俯育”的问题也可化解，他呢，也算抱得美人归，可谓一举三得。

再来看看家里人的态度。

嗣是重亲惜韩香之遇，闺人契胜璚之才，搴芳结攘，促践佳约。余曰：“一面之缘，三生之诺。必秉慈命而行，庶免唐突西子。”允庄曰：“昨闻诸堂上云，紫姬深明大义，非寻常金粉可比。申年丈不获与偕，蹇修之事，六一令君可任也。”

里面提到的韩香是冯梦龙笔下的一位貌美的名妓，爱上了一位叶公子，只可惜叶府反对，逼得韩香自尽身亡。紫湘前半生比这位韩姑娘幸运，陈家一家老小对于他纳妾之事全部都举双手赞成，对紫湘的人品交口称赞，贤妻汪端更是极力促成。

陈裴之胸有成竹，这时候开始讲起了体面，说要奉母亲大人的命令去迎娶紫湘，这样对于她来说才不算唐突。汪端早就为他考虑到了，不仅如此，还邀请到了即将调任却千里而来的县令大人为其做媒，这对于一个妓女来说，应该体面到极致了。也难怪后文说——父母之命，媒妁之言，足为蘼芜、媚香一辈人扬眉生色矣。紫湘这一遭算是为莺祠柳巷的女人们狠狠扳回了一城。

嫁得好，在她们看来这辈子就成功了。可人生这一局棋能不能笑到最后稳操胜券，谁都没有资格发言。

一螺巧 >>>

出嫁的这一天，紫湘没让陈裴之亲自过来接他，所以当时只是县令的夫人和紫湘的母亲陪着她登船西下。陈裴之给出的理由是紫湘“素性端重”，其实说白了，就是她自知身份，不想把场面搞大，想安安静静地嫁过来就好。她是风尘里蹚过来的人，外人即便眼红，传出些不好听的闲话，她也受得住。但从这一天起，他陈裴之就是她王紫湘正儿八经的男人了，她见不得他被指指点点。

夫为妻纲，真是无所不在，一种被禁锢的美好。

她的苦心算是受到了礼待，他们的船刚在瓜州泊了岸就见岸边早已停候着陈家太老爷太夫人派来的华车琳辇，欢欢喜喜把她迎回了家。

很有可能别人都知道陈裴之的特点，或者说是他们爷俩共同的特点，就是对前朝旧梦的那种迷恋之情。拿陈文述来说吧，他创办女学有一半的原因都是出于对袁枚的欣赏，一门风雅，百艳同归，多么繁盛如花的景色啊。

陈裴之呢，一生都活在冒襄和董小宛的魅影里，秦淮风月的韵律是他毕生的追求。这个是自幼耳濡目染从陈文述那里学来的，陈文述不光对生者怜香惜玉，故去的美人也常常能让他抱有怀想，比如他为西湖三美——冯小青、杨云友、周菊香修墓的事，一时也引得坊间喧哗一片，他在常熟做官时，更是重缮柳如是的香冢。所以儿子陈裴之迷恋秦淮艳谈，便也不足为奇了。

投其所好，门客邻友都来恭维陈裴之，引董小宛的事对这桩婚姻大加赞赏——闻紫姬初归君时，秦淮诸女郎，皆激扬叹羡，以姬得所归，为之喜极泪下，如董青莲故事。

还有人说："素娥青女遥相妒，妒婵娟最小，福慧双修。"这里最小的婵娟自然是说紫湘。她原来在青楼娘家行十，前面的九个姐妹也嫁得不差，也有嫁给太守参军之类的。但是大家似乎都觉得妹妹嫁得最好，紫湘说姐姐和姐夫们在她出嫁的那天都来践行，纷纷感慨"后来者居上"。

而细看之下，似乎刚刚进入陈府的紫湘确实获得了前所未有的地位。

足以横扫一切噱头的，是陈家居然为她单独修建了一座楼——香畹楼。大汉天子讨一个老婆也不过说金屋藏娇而已啊，她区区妾室，来自青楼，何德何能。盛事之下，她的心情应该不是受宠若惊四个字就可以简单概括的。

香畹楼这个名字来源于陈裴之房里的一瓶兰花，当时适逢花开并蒂，而《左传》里又有"以兰有国香，人服媚之如是"，汪端便说："国香即将驾到，花自然要开了。"

这个国香，说的是紫湘，别忘了她的大名，叫做王子兰。

此后，她居住在这香畹楼里，又有了另一个名字——畹君。

九畹滋兰，独爱你这一枝。

香畹楼最初的岁月美得像是神话。

他描写的场景似乎都发生在沉香浓霭，日光倾城的午后。你看我，我看你，眼睛里都带着意乱情迷的慵懒之意。

一日，收到一位莲因夫人送来的画。她早就听说过紫湘的艳名，一直期望有缘相见，私下里，自己默写了一幅她的肖像，取名《惜花小影》。

画的是什么样的场景呢。

衣退红衫子，立玉梅花下，珊珊秀影，仿佛似之。

仿佛似之——朦胧之中，竟然真有几分相似。

另一位叫做广寒外史的朋友听说了这个事，又把他们相识的过程前前后后组织了一下，写成了一册《香畹楼院本》，陈裴之本人也写了词纪念这事——记否吹笙蟾月底，劝添衣悄向回廊转。秀影外，那庭院。

紫湘看完了他的词，笑了笑，递来一本画册，竟是马湘兰画的十二帧兰花图，上面题了“紫君小影”四字。这是她嫂子闰湘所收藏的珍品，她出嫁前，闰湘题了字放入她的嫁妆里，算是送给她的新婚礼物。陈裴之接来仔细端详，只见上面的幽兰，朵朵怀风抱月，秀绝尘寰。

不久，又传来一位蔻香阁主人对紫湘的赞美。说我们这位紫湘姐妹真是当得起天下第一的名声。她像兰花一样身在空谷，品格高尚。

当时秦淮河正在推选花魁，位居第一的是倚云阁的主人。而有一次，陈裴之到秣陵去办事，朋友仲澜又约他到秦淮游玩，拜访了这位倚云阁主人。她一见了他倒惊呼："此服媚国香者也。"这就是有幸娶了如国香兰花般的紫湘妹妹的人呐。

人人都在拿她以兰花作比。

这其中，到底是紫湘高洁品格曾经真如兰花香气一样弥散过秦淮流域的千家万户，还是陈裴之有意为之，在这里添油加醋好完成一篇美文，我实在是视听混乱，难以分辨。不过在《浮生六记》的那一篇里，我倒是简单地说过两种花卉——茉莉与兰花。

其实，这两种花都是很具江南气息的花，都适合开在微雨天井那如墨的湿润里。但是因为各自被赋予不同的意义，所以身价就有了高低之分。茉莉是贱民，是小人。兰花是高士，是贵人。茉莉是市井百家的，兰花是上流文坛的。

沈三白的《浮生六记》用语平实，笔随心走。而芸娘针黹女红，茶饭酒饮，莫不精通。两口子的肌理都是民间质感，恰恰是茉莉的最好代言。枝枝叶叶紧挨着，开在向晚的窗台上。

这里，陈裴之紫湘二人反其道而行之。《香畹楼忆语》每下一笔只怕不够奢华绮美，不能面面俱到地写下所有曼妙细节，又担心格调不够高，处处皆以兰花打点，以文坛推崇已久的冒董情事铺垫，憧憬能与之平起平坐。

盛装之下，浓妆艳抹，美人再美，未免隔着脂粉，难见庐山面目，有雾中看花之感。一切都华丽过头，显得不真实。

好在，有了看“螺”这个情节，总算是双脚着陆，接了点地气。

大约又是在一个流光浮动的深秋午后，风中有菊花颓残的香气。紫湘午休方起，坐在掩映着早梅的绿窗之下理妆，正梳着发髻，门外忽笑语盈盈，环佩徐徐，暗香袅来，原来夫人姨娘，姊妹闺友都来楼上找她玩了。

丽娵放下手中的绣绷，呵了呵手，自告奋勇说要帮嫂子梳妆。

龚夫人则拉过紫湘的手说：“可见又是下人们偷懒，明儿再拨一个丫头过来。这玉指纤纤的，指甲又养了这么长，折伤了可不好。”

迎着午后微醺的白日，夫人帮她看起“螺”来。

看螺是闺中人闲来好做的趣事。

螺，就是指纹，如果纹路全部闭合，一圈套一圈，则为螺。

有的地方也称为“斗”，所谓“几个斗几个簸箕”其实就是在分辨指纹的类型。关于螺，民间有一套比较完整的说法。

一螺巧，二螺拙，三螺四螺会插舌，五螺六螺骑花马，七螺八螺中状元，九螺缺一十螺全，全螺上天会神仙。

见夫人看螺，管姨娘似乎也颇有兴趣，脱下斗篷走来拉过她的另一只手一同瞧。

“这一只手没有，湘玉那边呢？”

“呀，只有一枚，岂不是一螺巧了。”

文姨娘笑着说：“难怪你诗也好，词也好，绣艺也出神入化，看来这是天赐的了，我们羡慕不得。”

回门省亲的华娵眼波一转，说：“姨娘有所不知，还不光巧在这里呢。裴之也是一螺，可见不光是天赐巧手，更是天赐良缘啊。”

夫人传话下去，让拿洒金宣纸去朗玉山房找陈裴之，印了指纹来。

丫鬟匆匆跑了一趟回来了，夫人又叫紫湘在那上面按了手印。

薛姨娘笑道：“这是两个人互签了卖身契了呢。”卖身一词用在已经脱籍的紫湘身上实属不妥，夫人和几位姨娘都投来了眼色。

不久之后，这张印有二人指纹的纸传到了太夫人那里。老太太自然高兴，说没有比这再当得起“一螺巧”的了。

我们老家也有看螺的习俗。尤其我外婆，很喜欢帮人看。命相理论倒是没有前面这打油诗说得这么齐整。只说螺越多越好，代表福大命大，相反，就是福薄了。

其实这些都是人们对幸福的一种寄望，做不得数。但说起福薄，这两个英年早逝的人啊，还真是为之应验了。

取次花丛 >>>

毕竟有过“曾经沧海难为水，除却巫山不是云”的句子，而这次是写四篇著名的悼亡文，那么，元稹这个讨厌的人就绕不开了。他一边多情，一边滥情，一边伤情，一边薄情，风流颓艳偏偏成了万世师表，多少沾点文采的伪君子都想像他那样“取次花丛懒回顾”。

这里，算上陈裴之一个。

董小宛前期倒追冒襄，确实比较辛苦。不过在结婚以后逃亡以前的几年里，他们过得还是很幸福的，整天品香喝茶，俨然神仙眷侣。

紫湘嫁过来，幸福光阴，好景不长，纵有香畹楼拔地而起，却也不过是风流之家的惯例，并非以爱的名义。陈裴之不是为公事奔波，就是流连于红楼翠阁，总之从文中看来，他们能够相守在一起的时间并不多。

先说“取次花丛”的事吧。

别说她也来自青楼，更别说她只是妾室，纵是寻常夫妻，那个年代嫖妓也是合法的。他在秦淮的时候，在她身边流连，汪端也只是眼睁睁看着，最后甚至大大方方促成这件事。现在她嫁了过来，他还在外头晃荡嬉游，她除了等他归来，自然也没有别的法子。

紫湘和他成亲后，光文字中有头有脸确切出现的倾慕者就有十来个。况且陈裴之这个人本身又很自恋，姑苏的明珠小姐不过“偶有相属之说”——偶然说过想跟了他，他就把人家也算作自己的追求者之一。

而之前的什么倚云啦，蔻香啦，蕊君啦，刚刚退场，就迎面走来了另一拨人。

……是以香影阁赠余鬟花绡帕，香霏阁赠余冰纨杂佩，秋雯阁赠余瓜瓤绣缕，姬皆什袭藏之。又香霏阁寄余雕笼蝈蝈一枚，姬尤豢爱不释，曰：“窥墙掷果，皆属人情，苟非粉郎香掾，又谁过而问之者。”

窥墙掷果，说的是宋玉和潘安，中国历史上著名的两大美男。

宋玉，被邻居家的美女偷窥了三年都不跟人家好。潘安，一出门就有满街大姐小妹向他抛掷鲜花水果，常常出来一趟就可以满载而归。紫湘呢，默默地把那些妓女赠予他的小玩意儿用手帕层层叠叠地包好，郑重地收起来，然后用这两大美男子的典故为他粉饰，说这是人之常情啊，要不是你长得帅，谁又要跟你好呢。

陈裴之对紫湘的这种“大方”和“隐忍”给出了解释——姬与余情爱甚挚，而耻为忮嫉之行。她爱我，爱到什么地步呢。爱到连嫉妒都嫉妒不起来了，只剩下爱。

紫湘病得不轻，但是他陈裴之病得更重。

紫湘掩耳盗铃，自我安慰，实属无奈之举。若她是正房，若她有河东狮的本事，不怒吼他个狗血喷头连我都要看不下去了。可她不是。他们陈家再尊重女人，她也达不到和他平起平坐的高度，关系——始终是依附而已。他不常常变脸已属万幸，她怎么能依着自己的喜好还以颜色呢。

嫉妒，造字仓颉已经点破了玄机——它们都是女字旁。嫉妒是女人的天性，也是女人爱男人最浓烈的方式之一。嫉妒是一种病，它另一半是个“疾”字，女人爱男人爱到这个地步，就算是病入膏肓。而爱情，最真实的状态往往就是病态。

陈裴之这一次的自恋症则发作得有点悲哀。他大约以为读者会羡慕他，家中贤妻艳妾，外面红颜如缕，一个个还这么懂事。殊不知，这种冷静得可怕的爱一点都没有吸引力。

这里面，表现得更冷静，更淡定，更目空一切的，是汪端。

风流道学，不触不背，当是众香国中无上妙法。

当陈裴之还在洋洋得意地写词纪念那些风流韵事时，汪端已经一语道破他长久以来的惯用伎俩。

你啊，就是个道学先生，大面上说自己出入秦楼楚馆，那些妙龄女郎如何挽留你，你又如何拒绝，其实一肚子孟浪，风流本性一万道城墙也遮不了。所谓不抵触，又不背离，玩一招中庸，欲拒还迎，摇摇欲坠又偏偏不坠。啧啧啧，这真是在那香艳之地和烟花女子们相处的绝佳办法啊。

寂静中，这一席话犹如一记耳光响亮。

紫湘赶紧打个圆场，说有些女人命运不好，如同飘到茅厕里的花朵，公子你能给她们一些怜爱也算是为自己修一份善果啊。

陈裴之听她这么说，更加得瑟了，又很痴狂地改编了一句《茅屋为秋风所破歌》里的话，说："安得金屋千万间，大庇天下美人皆欢颜耶。"杜甫忧国忧民，叹那一句是鸿鹄之志。到了他这里，倚红偎翠，生生变成鼠目寸光。

于是紫湘也只"辴然"——作一笑置之。

汪端是整篇文章里我最喜欢的一位女子。她冷静，但不城府。一直处于一种洞若观火的状态，是疏离，但也是疏离的悯人之心，像个拈花的佛陀。可见她从情欲之中抽身而退，长期礼佛悟道，已经参出一些人世玄机。

需要她上场，她就淡然来去，留下一两句意味深长的雅谑。而当众生再度喧哗，她只愿为帷幕后的存在，于热闹刚刚开头之时，就飘然远去。

记得还有一次，陈裴之在文中插了一段废话连篇的《秦淮画舫录序》，占了那么大的篇幅，事后还装作迷迷糊糊的样子，说这是很久前的作品，记不大清楚了。可汪端一直替他记着呢，说你那会借别人的酒浇自己的愁，空叹六朝金粉消散，秦淮无人，现在遇上了紫湘，又怎么说？潜台词就是——玩了那么久的女人，明明是自己阅历浅薄，接触不到上品，居然还好意思怪鞋不合脚。

剩下的那半边脸又是一巴掌。

这回换妹妹丽娵替他找了台阶下，说哥哥之前和那些佳人们相会，都是存着礼待郑重之心，并没有苟且轻薄的行为。如今遇上了紫湘，便是上天给他的恩赐了。

无论怎样解释，他是青楼常客这一不争事实是无法改变的。

紫湘要感谢他这一点，因为如此，他们才有了相识相知的机会。可她也栽在了这一点上，让她日后无数个夜晚都只能在香畹楼的帘栊畔举目眺望高高的悬月等他回家。算是成也萧何，败也萧何。

不过，即使没有那些迎风飘摆的野花，他也绝不可能让她一人独占。皇族有权，于是后宫三千佳丽。世家有钱，于是侯门妻妾成群。一生一世一双人这种既细微又宏伟的蓝图，大概只会落在三白与芸娘，或者蔼卿与秋芙这样一粥一饭细水长流的寻常人家吧。

宦游人 >>>

关于陈裴之在外头为公职奔波的事可是一波三折。

其中又有好几件事可以看出来，他不是个适合在官场上打拼的人。

比如有一位彭城都转，看中了他的才干，想把真州治水过程中的出纳一职交给他，还特意拨了三十七万两银子的公款出来。他一看，慌了手脚，赶紧推辞，把人家都转给惹恼了，说你什么意思，我是欣赏你管理策划的能力，你这么躲躲闪闪的是想要什么滑头吗。

陈裴之这才解释，说我不干这一行吧，确实是觉得肩上的压力太重，怕担不起这个责任。我要是干这一行呢，又觉得会染上不肖的骂名。人做事，先要保证自己清洁，然后再考虑给国家出力。我知道我这么想实在是太拘谨迂腐了，但是没办法，我是实话实说，也是为了报答您的恩情啊。

说实话，我不太懂做出纳和不肖有什么关系。就算陈文述在任时是个清廉的官，他作为儿子，担任的职位与财务相关，但只要不贪污不徇私，又怎么会丢老子的脸呢。

再退一步，假使做这个工作就等于蹚浑水，你不想干，不能把话说好听点么。写诗就会镂金帖翠，说话怎么不讲讲技巧呢。从文中看来，都转对他有知遇之恩，算是故交加领导加老师的身份，在这种情况下，他回绝别人还那么赤裸裸地拉下脸，实在是不知好歹。在社交场合，尤其是官场，大多数情况下，直肠子等于一根筋。

这点愚钝，遗传了他父亲也说不定。《香畹楼忆语》开篇就是陈文述落马的场景——丁丑冬朔，家大人自崇疆受代归，筹海积劳，抱恙甚剧。

“受代”是什么意思，就是官职被别人替代了。说得阴险点，极有可能是背后让人捅了一刀。可怜老爷子混了半辈子最后还是不明事理，落得鸠占鹊巢的下场，又弄得一身是病，真是可怜。

这方面，似乎女人都比他们有经验。

他回绝了都转回到家之后，恰巧汪端和紫湘正在香畹楼上赏月，听他絮絮叨叨说了前因后果，汪端笑道：“有油水捞你都不干，这么忠诚，足以报答他咯。”

紫湘说得客气点，说：“严于律己，宽以待人，这么做自然会免除一些险要隐患，不过众人皆醉我独醒，众人皆浊我独清，也会有招人妒忌的时候哦。”

可不是，文章中写到了这么一件事——时一大僚震余名，遇事颇为所厄。

就是有个高官，听说了他这茅坑石头一样又臭又硬的品性，很震怒，后来陈裴之大概又有事情栽到了人家手里，人家自然少不了要给他一些苦头吃。

鹰飞好杀，龙性难驯，胆大心细，愿味斯言。

上面这句话，是紫湘教给他的一个道理。缘起陈裴之的交友态度。

他说他从小喜欢看兵书，大约是里面刀光剑影非常有江湖气息，因此他后来就喜欢结交豪杰之士。有段时间他任职的地方不太平，陈裴之就向上司进言，说最好培养点有武功的人，这样能预防后患。领导觉得他说得对，还强化了他的概念，说飞禽中枭鸟最厉害，我们兵法也要如此，要训练出枭鸟那样的人才好以毒攻毒。

陈裴之洋洋得意于献了良策之际，紫湘对他说了上面的话。意思是，你如果坚持这么大胆去做的话，心就要放细致一点，不能养虎为患。她这么叮嘱，是因为她很清楚他不是一个好的部门领导——驭下少严，渊鱼廪鼠，察诘不详。对待下属不够严格，池里有多少鱼，洞里有多少老鼠都算不清，不知深浅。

陈裴之听了不禁感慨她真是里里外外一把抓的贤内助——怡词巽语，时得韦弦之助云。

除了和汪端在楼上赏月以外，他在外头的那些日子里，紫湘能做的，就是等待了。

一年年末，秦淮河以南的商业区因为浚河的缘故停止了运营，陈裴之一直在跟随部队思考疏通河道的办法，后来出了妙计，很快事情就得到了解决。回家时已经是临近新年了，他风尘劳碌，为公事差点耽误了过年，心情不好。紫湘等了那么久等来了他的愁眉苦脸，还要安慰他，说你为国效力，解决了这么大的事，纵然我一个人守着空罗帷，也没什么好遗憾的。

其实龚夫人也常让她安下心，等他回家。像是觉得等待对女人来说是个必修课。

堂上于奇寒深夜命姬假寐俟余，姬仍翦灯温茗，围炉端坐以待。诘晨复辨色理妆，次第诣长者起居。夙兴夜寐，历数年如一日焉。

冰天雪地，北风呼啸的长夜，龚夫人让她假睡等他回来，果然他们再疼媳妇也赶不上疼儿子。紫湘只好烧一壶茶，围着炉火等他回来。然后一大早，又梳妆去问候各位长辈，道早安。就这样早起晚睡，十年如一日。

规行矩步在大户人家原没什么，可后来她身上的病便一天一天重下去，想来和这些繁文缛节也不无关系。即使那样，她也还是拖着愁病之躯日日倚窗盼望，等他归来。或者，等待已经成了她的日常生活的一部分，像喝茶，像绣花一样，日影飞去之间，也就过了。

细看之下，她在嫁给他之前已经习惯了这种等待。

出嫁前，紫湘和姊妹们在水阁里讨论蒋世铨的戏曲，有人喜欢《香祖楼》，有人喜欢《四弦秋》，唯有她，偏偏钟情于《雪中人》里的句子，把那一段“可人夫婿是秦嘉，风也怜他，月也怜他”反反复复地拿来吟唱。旁人笑她，说你呀，心里想的可不是和戏中人一样么。

她笑而不语。

那一年，他在彭城做事，曾经在写给她的词里说——蹋冰瘦马投荒驿，负了卿怜惜。累卿风雪忆天涯，休说可人夫婿是秦嘉。

后来，他在雪天行路的途中又给她写了一首词，读来，倒不似以往的脂粉之气，颇有几分契阔苍凉。

霜月当头圆复缺，跃马弯弓，那怪常离别。约了归期今又不，关山只认无啼鴂。

何事沾膺双泪热，帐下悲歌，竟未生同穴。忍与归时灯畔说，五更一骑冲风雪。

她就把这首词捧在手里念，念着念着已泪流满面，念着念着就到了出嫁的佳期，念着念着她成为他的新娘，念着念着她在日复一日的等待中又变回秦淮河上那个最初盼着情郎来迎娶的花港女子。

念到最后，她一生的芳华就在随词句迎面飘来的白雪里缓缓耗尽，如同一片缓缓沉落到湖底的花瓣。

他呀，只能听到她留在衾枕上的余声细语如丝，那凄咽之音，像是微风吹起柳浪，像是绵绵的青草在暮春的微雨里生长。

这便是她留给他最后的念想了。

夕颜 >>>

暮落朝开大抵真的是她们这类女子的宿命。抱朴子虽云“我命在我不在天”，又岂是人人都有这个力量能撼动人生巨轮。

她的死，最初，是和他即将远行有些关系。

组织要派他到远方任职，他一片孝心，向上面请求，说我家中祖父母尚在，父母年迈，妻子多病，儿子又还小，走不开。组织上考虑再三同意了他的请求，仍然让他留在江南，到金陵做事。紫湘很高兴，因为金陵是她的故里，生母的坟茔就在那里。他去金陵，龚夫人批准她随行服侍，她可以借着这个机会回去给母亲扫墓了。

原以为躲过一劫，谁知还是生了变故，必须要走。

家眷随行这个事古今都不是太好办的，除非真的够资格，离了他不行，那国家才有可能着人打点他的私事，好让他一心放在工作上。显然，陈裴之没这个能耐。

何况，老头老太年纪大了，舟车劳顿，根本没办法同他一起走，而且在江南生活久了的人到了别处也适应不了。所以，大家都决定还是留在家里。

这样一来，紫湘也走不了了。此时，家中太老爷也去世了。紫湘“既痛奉政公之见背，又复感念生母，人前强为欢笑，夜分辄呜咽不已”。

余自吏议不得留江后，姬曰：“君此后江湖载酒，宜豫留心一契合之人。”余诘其故，曰：“君为尊亲所屈，奉檄色喜，自断不忍远离膝下，但今既有此中沮，或者改官远省，太夫人既惮长途，不能就养，夫人又以多病不去，我何忍侍君独行？且寒暑抑搔，晨昏侍奉，留我替君之职，即以摅君之忧。至君之起居寒暖，必得一解事者悉心护君，虽千山万水，吾心慰矣。”此姬自上年十月以来，屡屡为余言之者。孰知黄花续命之言，即为紫玉成烟之谶哉！

提取关键内容就是，我不能陪你，我要留在家里服侍老人，所以，你到了那边再物色一个人服侍你吧。

她说了这个话，也就是说，陈裴之动过带她一起走的念头，而且可能还不是假惺惺做做样子，他还“诘其故”——反问她为什么，而她“屡屡为余言”——反复让他到了那头重新找人服侍。

紫湘是真的能狠下心来让他独自到他乡异地做事么。我持保留意见。

他们初见时，她就口若悬河地倾吐出了所有自己掌握到的关于他的讯息，表示对他纳妾的要求了如指掌。她说，你想找个贤惠的，能回家侍奉公婆的是么。他说是。

这回，他在接到远派的要求时，向上面申请通融又是以“乌鸟之私”作为理由。

一路走来他的首要概念都是孝道，成功地和他偶像冒襄如出一辙了，至于是人为炮制还是自然形成，这里先按下不表，反正紫湘一直相信他也够了。

她更清楚的是，他们把他迎回去是相信她和他有同样的孝心，而绝非她的美，绝非她的才。要论美和才，喝着秦淮河水长大的女儿们多的是才貌双全者，且别人没见过倒也罢了，陈府一门风月，上百佳丽，什么样的女人没见过。

所以，她要做好他们一开始就交给她的本职工作——替他行孝。

不过她婉拒他带她走，这和“留下一个行孝的人”之间真的有冲突吗。为什么不可以在故乡找一个人侍奉老人，她则随行照顾他呢。家乡的人知根知底出不了什么差错，最起码比他在那山遥水远的地方一边工作一边找个陌生人打理起居要容易得多吧。

实际上，真要他谁都不带只带她一人，外人就会有话说了。堂上双亲竟不如一青楼女子？

她拒绝，不过是为了塞住众人的悠悠之口。

身处爱情中的女人有很多地方存在共同点，像是对方问一声你爱我吗，很多人会果断地说不爱，问一声你想我吗，也少不了有人会坚定地说不想，若是对方要亲吻，会推开他说不要啦。也不是不好意思，反正就是一种女人的小别扭。

对方若是觉得失望，讪讪地说“好吧，那我走咯”，心里又会觉得失落，怪他，也怪自己，为什么拒绝温暖的怀抱，留下一个人独自别扭。这别扭也不是不好，碰上懂得行情的男人，会理解这种半推半就的情趣。碰上个和自己半斤八两的风流道学先生，恐怕就负负得正，能量全部抵消了。

她，就碰上了这么个陈裴之。

她为什么要屡次说我不能去，请你再找个人伺候。

真不想去，一句话斩钉截铁完事。这样一次次地宣之于口的目的难道不是想看看他到底有没有这个气魄能力排众议带她走吗。

事实当然是，没有。她心里的纠结可想而知。

算了，不带就不带吧，这样的话，她顶多就是延续以前的等待。从一月两月见一面变成半年一年见一面，差别也不大。所以对紫湘造成致命打击的，不是他走，而是他们要她走。

还记得六木这个玩意儿吗，在《影梅庵忆语》里出现过五木，大同小异。它可以当骰子一样用来玩游戏，也可以当签筒一样用来占卜命运。

那一次董小宛就是用它在大江的一叶扁舟上掷出了一个“全六”，之后迎风破浪，开辟出了一条康庄大道，直通婚姻殿堂。

这一次，紫湘没有她那么好运。

陈裴之临行前请一个江湖术士用六木给他算了一卦。卦上说，你啊，别的事情都还算顺当，就是可能会有破镜之灾。

破镜，自然是比喻夫妻之间出现危机。要么就是感情崩裂，要么就是丧妻之痛。

这里面本来没紫湘什么事的，她只是个妾室而已。可这时术士有发话了，说想要化解嘛，也有办法。教你一招，叫“小星替月”。意思是，妾室可以替代正室。他愣住了，半晌又向人家请教，还有没有别的办法。

“你多娶几个小老婆不就行了？”术士这么说。

术士挺灵的。

说夫妻感情会破裂不是信口雌黄，汪端和他早已没什么恩情了。他轻浮，她世故，走到最后发现对方其实压根不是一路人，已至同床异梦。说会有丧妻之痛也是可能的。汪端此前就生了一场大病，几乎奄奄一息。而每天一听到鸡叫就赶紧起床，不顾洗漱就跑到她居住的楼阁中探视，喂她喝药吃饭的人不是别人，正是紫湘。紫湘还逢人就说，姐姐真是好啊，夫人喜欢她，公子也喜欢她，她要有个好歹，这一家老小会伤心一片呢。所以啊，上天要是真的想施加不幸给她，不如让我来代替她受过吧。

服侍汪端的过程中，积劳成疾，紫湘自己已经患上了咯血症，只是讳病忌医，又担心下人说她小题大做，一直没有向人提起。那时，沉默的她一定不知道，在不久以后，这随口说出的一句话，即将成为她这一朵晚风里颤颤巍巍的夕颜花要踏上的飘零路途。

劳燕 >>>

现在，我们要看到的是一场高层会议。会议的主题就是，破镜之灾怎么化解，小星替月怎么实现。参会人员有陈裴之，汪端，夫人龚玉晨。

会议正式开始之前，陈裴之通报了除去六木术士以外另两位朋友掐算的结果，大致都差不多。也就是说，这次家庭革命是志在必行的。

汪端就请求龚夫人，说赶紧四处找人回来吧，多纳几个妾室好消灾免祸。

陈裴之一听，赶紧喋喋不休一大堆加以阻止。

新人苟可移情，辄使桃僵李代，扪心自问，已觉不情。设令胶先续断，香不返魂，长留薄幸之名，莫雪向隅之恨，更非我之所愿，又岂卿之所安哉？

一张嘴就是——娶了新人回来要是我也爱上了她，那怎么办。这样的话，让她替紫湘去死，我实在就不忍心了。假如紫湘的病再治不好，还是在她之前死呢？那我更要留下薄幸的骂名，懊恨终生了。

汪端急了，问：“那你说怎么办吧。”

陈裴之就说，她一直都想家，想她父母。她生病的时候，娘家人总是很费事地来看她，现在不如就送她回家吧。就当是一剂治病的药方。

俗语说——是福不是祸，是祸躲不过。天知道陈裴之用哪个脚趾头想出了这么个好主意。她紫湘一介青楼女子，毕生所愿便是脱籍从良，离开风尘。那所谓的母亲不过是昔日摇钱树下吃现成饭的人，她在这安静的深宅大院里都调养不好，回到那纷哗的世界，有如何能安心养病呢。这一招，等于让她送死。

龚夫人说：“要是这个办法能治好她的病，让她躲过一劫就最好不过了。不过还是要问问神灵，占卜一下这一路是否顺利。”

陈裴之照做了，求得了这样一首诗。

贵人相遇水云乡，冷淡交情滋味长。黄阁开时延故客，骅骝应得骋康庄。

骅骝康庄，看起来是不错的词。这就把紫湘送走了。

由前到尾，没有紫湘的一句话。我想，即便是个批斗会，也得让主角上台亮个相吧。但是没有，她从始至终都不在场，他们就这样决定了她的方向。这非常可怕，让人忍不住心生一些不好的联想。

《红楼梦》里，袭人半夜咯出了血，想到了老人言——少年吐血，年月不保，纵然命长，终是废人。而宝玉房里另一个丫头晴雯是因王夫人看不顺眼，怕耽误了宝玉，便以女儿痨的名义被送了出去。

这下，患有咯血症的紫湘要被送走了，送回她家养病。这一路自然是打点妥当，舟车俱备的，比起晴雯要体面得多。

至于“送走”这件事的主要策划人所包含的心思是否和《红楼梦》里的情节存在相似之处，我不清楚。我只知道，如花年纪的女孩子这样带着病不明不白地折返回娘家，后果绝对是一样的——只有一个死字。

他们三言两语就替她安排了去处，紫湘没有机会说一句话。如果能，她会不会说：“我死也要死在这里。”如果她这样说了，他们又会怎么做。

一片沉默，无限惘然，事已至此，早就不可逆转。

我完全可以想象，她带着一个听起来怎么都像谎言的理由回到青楼，昔日的姊妹和恩客见到她这副虚脱垂死的样子会怎样窃窃私语。一个以利益至上的场合，养一个回门的闲人吃白食，还唤茶索水，煎药熬汤，这又要落入怎样的口舌。

陈家个个七窍玲珑心，就想不到么。

或者想到也没用，他们已经习惯了把写诗填词变成一种最高级的慰问方式。

紫湘养病的那些时日，汪端和陈裴之的诗一首接一首地投递到了紫湘门上。他们来一首，紫湘便回一首。要是语露关怀能振奋精神便也罢了，鸿雁往返，鲤鱼来去，看似浓情深爱，实则都是些堆砌之句。紫湘不能静养，还要花心思承应他们，真是够累的。

后来，陈裴之到金陵来看过紫湘。他写道，父母以前生病，我都是到华佗庙里求药，并且向华佗起誓，愿意以身代父母受病。这次紫湘大病，我却迟迟不敢去。

他的这点徘徊，紫湘找了一个对他们二人都算体面的注解——我反正已经病入膏肓，你就不用去了，死了之后你能来把我的尸骨领回去我就很满意了。

又说，阁部的奏章就要下来了，又有新的调动，你赶快走吧。

过了五六天，传来了陈文述的书信，说龚夫人卧病在床，紫湘赶紧让仆妇扶她坐起来，说你看啊，我都能坐起来了，你赶紧走吧，夫人的病要紧，别再记挂我了。

言际，清泪栖睫，更无一言，反面贴席，若恐重伤余心者。

说话时，紫湘便是如此，泪盈于睫，然后便一言不发，背过脸去贴着席子。他想，或者她这样掩饰自己，是怕伤到他的心。

可试问哪个女人在自己这么委屈痛苦的时候不想男人多伴自己在身边一会，哪怕多一小会都是好的。她这么大公无私，大爱无疆，处处为别人着想，是因为此刻的她没有资格为自己发声啊。他要为国尽忠，为家尽孝，这忠与孝此刻于她是前狼后虎，把她挤到一个狭窄的拐角，除了独自沉默哭泣之外，又能做点什么呢。

陈裴之走了。

自诩对于女人路路通的他和她那委婉幽暗的心思擦肩而过，

走了。他说自己当时心里很乱，点头答应了他。第二天晨光初起，就策马长驱，出了朝阳门。望着他的背影，紫湘该多么的寂寞。可是陈裴之从没有写过他对于她的想象。他笔下的一切几乎都是实景，看到一就写一，看到二就写二，没有一点关于她的遐想。那他怎么配说他想她，爱她。

好在，红尘里的爱人多是分飞的劳燕，同林时，寂寥试遣愚衷，你一语我一言，展开动人画卷。可要真的被狂风刮入恨海情天，我对你的最后的奢望便是那焚毁的旧帕绢，成了伤心碧，成了空牵念。

这次，便是他看到她的最后一眼。

瑶台儿 >>>

六月廿二。

陈裴之回到了家中服侍母亲。龚夫人问起了紫湘的情况，陈裴之说不太好。龚夫人说那你赶紧回去吧。陈裴之坚持要再侍奉她几天。

六月廿六。

晚上，紫湘之前认的一个名叫桂生的干女儿梦中惊醒，揉着湿湿嗒嗒的眼睛跑过来，说我娘回来了吧。那秦可卿自缢天香楼之前也曾漂游到王熙凤帐前托梦，这显然是离魂征兆。龚夫人等人也心知肚明，当即唤了家中老少女眷，各房姊妹姨娘一起为紫湘赶制衣裳。问起原因，便说紫湘生前不喜奢华，喜欢洁白的绵绸，给她做一套，好冲冲喜啊。龚夫人又叮嘱裴之，你去的时候把这素衣带了去，这冲喜要是真灵的话，能留下她服侍我，那便是天大的造化了。

七月初一。

紫湘的信到了，落款是六月廿八，向全家老小问好。众人传阅书信，以为她身子逐渐转好，颇为喜悦。

七月初三。

陈裴之带着给紫湘准备的衣物上路。

七月初六。

到达目的地离舟上岸。

那时是黄昏，水滨的楼阁像是铜镜里的世界，刚刚下了一场雨，暑热消散的内室带着一种潮湿的清凉，还有栀子花倾落前的暗香。

帘帷底下，仆人们步履匆匆，每个人脸上都是哀戚之色。再仔细看看，床单全部都换成锦茵，素幔也都改为罗帱，一切都因为死亡而布置得异常隆重。

紫湘母亲带着一个抱琴而来的佣人，说："她初四晚上就走了。实在是等不了公子了。"

他接过佣人手中的琴慢慢抚摸，一回头，看到了墙壁上挂着的遗像。画上女子眉目温婉，清洁如兰，像极了他们在纫秋水榭初见时的样子。而旁边的一副楹帖上写着"康庄骥足蹑青云"，竟然应劫于他们在她起行前求来的签语珠玑——骅骝应得骋康庄。

他终于冲过去抱着棺椁痛哭起来。

紫湘先前一直卧在他们当初躲开幼香和仲澜好两个人单独煎茶谈话的碧梧庭院里。七月初三的那一晚，外面起了大风，过不了多一会，便隐隐响起了雷声。迷蒙之中，她睁开双眼，看着即将落雨的天，喃喃地说："可惜我现在病着，不能和公子一起服侍太太了。"

仆人不解其意，把这话转述给陈裴之听。

他们不知道，龚夫人最怕打雷了。以前在杭州的家宅里，只要听到打雷，不管多晚，他们都会下了香畹楼，到夫人房中围着她，守着她。

濒死前，紫湘把嫂子闰湘和女佣叫到床前，请她们分别为自己剪下指甲和长发。她的指甲一直保养得很好，用金属护甲套着，养了有寸把长，用凤仙花染成茜红色。一把乌丝也是如墨如漆，柔若藻荇。

闰湘依言照做，紫湘让她把剪下的指甲和头发放到翠桃香盒中保存好。

闰湘明白，她是想让她把这个交给陈裴之。

紫湘又叫来二嫂缪玉真，说下了最后的遗言。

我仗佛力归去，当无所苦。公子悼我，第请以堂上为念，扶持调护，宜觅替人。公子必义不忘我，皈向者要不乏人耳。

到死，她都没有忘记，他一生以孝道为先。

他祖父召开宴会的晚上，唤了丝竹班子在家中演奏。她在花墙下倾听，能迅速指出笛师在哪一阕哪一个节点有失误。他这才发现她雅好音律。而元月十四是试灯日，花灯如海，曲乐连天，他归来后问她此夜的音乐如何。她却笑而不语。因为龚夫人不喜欢喧哗，没有外出，只在家中围炉独饮，所以她一直陪着夫人，等他回来。

她能有这个机会和他走到一起，一直也是因为她具备同样的孝心。这是她的本分，所以不敢忘本，就劝他，一定再找个合适的人一起侍奉太太。

公子必义不忘我，皈向者要不乏人耳——公子必然不会忘了我，但是有心追求他的人也不少啊。如果我没猜错的话，这里，被折断的后半句应该是——等到他找到了中意的人，时间一长，也就能把我淡忘了。

紫湘没冤枉他，先前她尚还在世，说到“小星替月”，汪端让他纳妾，他还担心会爱上后娶的人。如今她都故去了，化为微雨中的一缕青烟，雨过天晴之后，他还会记得她当年的容颜吗。

初四的那一晚，陈裴之卧于小舟，在往金陵的途中。波涛浮梦里是他们俩在香畹楼上像往常一样说说笑笑的情景，却谁知，这一厢情愿的美好追忆中，她已等不了他缓慢的樯橹，在那熟悉又陌生的故园香消玉殒了。

夜雨渲渲，陈裴之下榻在碧梧庭院。坐在她睡过的床，垂下她用过的帐，怀里抱着的，是她留给他的翠桃香盒。他长夜不眠，对着空荡荡的簟席枕褥，盼她香魂归来。

闲坐悲君亦自悲，百年都是几多时！邓攸无子寻知命，潘岳悼亡犹费词。

同穴窅冥何所望？他生缘会更难期！惟将终夜长开眼，报答平生未展眉。

这是元稹的诗。

很客观地，不带任何偏见地说，写得真好。尤其这最后一句，读来让人心惊而碎。

如诗中一般“终夜长开眼”等候着与紫湘仙凡对话的陈裴之一时想起龚夫人的感慨，说紫湘生得这么红颜皓齿，却总是素净示人，虽高雅洁致，于年轻女孩子到底不好。

这话耳熟，像是贾母进了薛宝钗的房屋，见雪洞一般，一色玩器全无，只有案上用土定瓶供着数枝菊花，并两部书和茶奁茶杯而已，便劝她：“年轻的姑娘们，房里这样素净，也忌讳。”老人眼里的年轻人是中天的烈日，上游的泉水，当期的花朵，春来的新燕，合该用新裁的锦缎包装自己，方不可惜了烂漫的年纪。

所以他们在广陵合家女眷陪同太夫人去红桥赏芍药的那个初夏，紫湘终于盛装了一回，华娵丽娵也纷纷打开自己妆奁为她打扮。最后，紫湘换上了细珠衣衫，罗袜绣鞋，如明月般流丽生辉。恰巧陇西郡候的家眷也同样乘车来赏花，看到紫湘，竟忘记了这一趟玩游的目的，赞叹说：“这是王母在桃园设宴，还是我们误入了南海天池。那个女孩子一定是《洛神赋》里踏着香草的芬芳信步走来的采珠神女吧。”

那是紫湘生平唯一的一次艳装，如惊鸿一瞥，却在他心头定格成了永恒。

现在她走了，只留下了脂粉残香，薄衣罗裳，翠翘金雀玉搔头。

雨越下越大，像是要洗刷掉这个世界最后的一点色彩和记忆。

但是紫湘是很爱下雨的晚上的。她曾经在雨夜灯下回转过身来向他莞尔一笑，说：“你喜欢冒襄他们的故事，但是有一点我不太赞同董小宛。她说，月夜是最静。实际上，雨夜更静。下雨的时候，笼着袖子，薰上沉香，坐在落花萧萧的窗前，人和天地之间，会有物我两忘的感觉。”

想到这里，他只觉得空气中像是有刺轻轻地扎了他。因为“从此雨晨月夕，倚枕凭栏，无非断肠之声，伤心之色矣”。

雨后的寂静之间，他突然听到了一声轻轻的“喵”。

那是紫湘豢养的一只小猫，名字叫瑶台儿。这只猫一点都不认生，他第一次来碧梧庭院时，她就憨态可掬地围绕在他脚边转。紫湘喝酒喝到薄醉，开玩笑说：“瞧瞧，你英俊潇洒，连小猫小狗都爱和你一起玩，想睡在你怀里呢。”

紫湘走后，这瑶台儿一直绕着紫湘的灵棺发出阵阵呜咽。晚上也不离开，就卧在旁边的茵席上，守护着主人即将飞升的灵魂。

懂得 >>>

故事到这里，基本已经结束。虽然从全文的篇幅看来，才行进到四分之三的部分。但后面的那四分之一全部都是陈裴之的友人写来的悼词，哀诗，以及挽联。半斤八两，他的朋友也同他一样，下笔极尽华丽奢艳，妄图三言两语就写尽紫湘的一生。

能工巧匠从来不会炫技，大概只有他，才会这么笨拙地宣告自己对她的爱。或者，与其说是爱，倒不如说是误解。

还记得那一次闰湘赠送马湘兰的十二帧兰花给紫湘的事么。

闰湘只是在她出嫁临别时轻轻“纳之女儿箱中”——放入她的嫁妆里。回来之后，陈裴之一览无余，甚觉风雅，当即想到“欲寿之贞珉”——把这韵事刻到石碑上得以永久流传。紫湘什么态度呢。愀然曰：“香闺韵事，恒虑为俗口描画。”——哀伤地说：“这是我们闺中的情事，我不想它被世间俗人听去，然后口耳相传。”

陈裴之便没有那么做。

误解她的不止陈裴之一人。还有紫湘的某位姐夫——其姊归清河氏者，为人尤放诞风流，偶与其嫂氏闰湘、玉真论及身后名，辄述李笠翁《秦淮健儿传》中语曰：“此事须让十弟，我九人无能为也。”

男人眼中最风流的，原不是女人，而是身后名。这就是区别。女人要一份普通，男人要一份特别。女人要男人默默地爱着自己，男人要全天下都能看到自己爱着她。一个是平常心，一个是野心。可对于爱情的锁，哪个才是契合的钥匙，已是仁者见仁智者见智。

再要举例的话，还有陈文述，这个自命风流，对陈裴之言传身教的别样父亲。

紫湘去世后，家里人特意派人往陈家报丧，陈裴之当时已赶赴金陵，与报信之人错过了。陈文述收到消息后托人给陈裴之带了一封信，信里说我知道你很痛苦，我们也觉得伤心万分。你母亲还特意为她立了小传，姨娘姊妹们也都各有哀辞殇赋，所以，你一定要记得给紫湘写点文字，让她像历史上的女性一样得以芳名留世。末了还自以为是地补充了一句“当亦逝者之心也”——这便是亡人最大的心愿了。

写到这里，我替紫湘冷笑一声吧。

谁需要这些千篇一律的华文绣句，谁稀罕这些照猫画虎的艳词哀曲，她不是穿着新衣的帝王，怎么会要这山呼万岁歌功颂德一般的空洞献礼。她只是一个女人，曾经以身试爱，最后以爱试生的女人，所求的，兜兜转转只是一个“爱”字。

他们可以不懂，可以不明白，但是怎么好随随便便地误读了她，让她卷入他们那个狭小俗臭的文化圈子，成为一笔秾丽的话题，成为他们冷藏保鲜后随时取用的素材，麻木得几乎信手拈来，像是对死亡失去了最后的沉默敬畏。

又或者，这种始终高于爱情存在的诗词歌赋向我们透露的消息是——整出戏的主角，从来不是爱情，而是这群人的表达欲。

尤其是陈裴之，他对表达近乎疯狂的迷恋带我们走进了他那座纯粹属于文字的世界。在这个世界里，他一面羞涩，一面又想昭之于众。希望有平台展示自己，又不希望这个机会全部都由自己争取而显得那么主动不矜持，所以呼朋引伴，招来同党，换得谀词如潮。

用我们今天的话，除了“闷骚”这个词汇可以简练地概括出他的性格，我暂时想不到其它什么礼貌的语言。

因为表达的漫漶，我们可以看到文中俯拾皆是“仙缘奇偶，郑重分明”之类的夸张赞美，看到陈裴之乐此不疲地讴歌属于他和紫湘的这场天作之合，又不吝笔墨地转述那些文人骚客的所谓绝句，记录自己那些年和紫湘汪端等人的诗歌和应。

紫湘不幸大病，换做常人应是手足无措，魂飞魄散，他们居然能有那样一种闲情逸致，一遍遍地写诗过去，依韵和之，来往对答。更有一位女史读完他们的诗之后感慨——此二百二十四字，是君家三人泪珠凝结而成者。

看官若有慧眼，必能识破这不过就是为了比上冒襄那一句——盖至迟之今日，当以血泪和喻麋也。

这一切，如果是像他说的那样属于“一时伫兴之作”，偶然忘情，脱口而出便罢，可又偏偏一字不差地记录下来，那又如何能说“忽忽不甚记忆”——自己早已记不清了呢。

若说记不清，倒也有没写进来的东西。比如紫湘写给他的第一封情书。那时他在广陵，他只记下了自己看完信之后回给她的一首诗，却忘记了她写了些什么。

每个人的心脏都是有容量的，他腾出了紫湘的情窦初开，收纳了自己的临水照花和文友的溢美之词。这时，真的叫人不得不以小人之心度他这“君子”之腹——他在她死后所表现出来的哀痛是真的发自内心，还是说，为了完成一场他渴求已久的华美歌舞剧而做出惟妙惟肖的表演。他是爱她，还是爱这种能把“爱”记录下来并提升到一个隆重的高度好给后人瞻仰悼念成为爱之伟人的快感。到底是那些本应该轻柔如絮的往昔值得怀念，还是这以诗词杂糅铺成出来文字饕宴更具备他眼中的价值。

这些，在他也早早离世的情况下，紫湘会不会于九泉之下与他相逢，并还以诘问呢。

可答案却是显而易见的，汪端劝他纳妾以实现“小星替月”时他所说的“长留薄幸之名非我之所愿”已然露出了他没有收好的针脚。而《香畹楼忆语》最末一句“魂其慰而，而今而后，余其无作可也”的力度也能和冒襄“赐之鸿文丽藻，余得藉手报姬，姬死无恨，余生无恨”抗衡个一式两招。到了今天，我们把这四篇悼亡文并称为闲书四种，他陈裴之可算成功跻身一线，得以与偶像冒襄捆绑销售，九泉之下即便对紫湘的诘问哑口无言，他也算成就了文字大业，能含笑瞑目了。

只是苦了她，一直是那么懂他。

他们初见时，她把自己关于他的储备都倾倒出来。这是她为他做的功课。以自己的全力接近他，向他靠拢，以他为核心。

若说这还不算是懂他，那么，她最起码有一颗愿意懂他的心吧。

投桃报李，他还给了她什么呢——放之四海而皆准的悼念而已。

因为懂得，所以慈悲，因为慈悲，所以吃亏。

她笑靥如花，用尽一生芳华，换来连篇累牍，继而名满天下，却绝非初衷。她一定觉得自己是深湖里的一只蚌，原以为被渔民带回家可以永远被清水供养，却谁知终有一天会被生生撬开，取出其中以心血磨砺的秘藏。好吧，既然已经被取出，羞耻也于事无补，那就安心地被打磨，被抛光，被他示众，只要能长久地停放在他心上。

对，它是一颗珍珠，它的名字，叫悲哀，也叫爱情。

下弦月

蔼卿与秋芙｜钱塘｜秋灯琐忆

她离开后，他觉得仲秋的流逝慢了起来。

但想念仍然飞快，一次一次，抬头看到月圆月缺。

在人间 >>>

听人说起过一个爱情故事。

说一男子深爱一女子，二人感情甚笃，外人也觉得他们情深意长。可是实际上，女子时有微词，埋怨他很少对自己说情话，甚至当初连一封情书都没有给她写过。

男子找借口为自己开脱，说你我在一起这么久了，说那些甜言蜜语显得肉麻，又说情书是世间最无用的东西，要是有写情书的时间和工夫，不如用来好好疼爱自己的另一半。

后来，女子不幸查出白血病，日益憔悴，终驾鹤而去。弥留之际的遗言仍是当初的话，怨他这一生羞于表达，所以自己常常恍惚，怀疑是否被爱。

女子死后，据说男子常至其墓前与石碑遗像对话，并在纸钱中夹烧自己手写的情书，以弥补当初的遗憾。

其实，遗憾就是遗憾。遗憾若能弥补那就称不上是遗憾了。

碎玉与完璧，终是有着本质上的区别。

情话出口太迟，情书下笔太晚，在天之灵即便能感知，隔着九重云霄，十丈红尘，也再难天人交流，互诉衷肠。用那种过滥的台词来套的话，也许就是——世间最遥远的距离，不是生与死，是我想听一句“我爱你”，而你却迟迟不语。

好在这个故事里，绿鬓如云的女主角秋芙没有这悲哀的遗憾。

因为这一册《秋灯琐忆》，她在世时，她的爱人蔼卿就已动笔为她书写。它不是追忆，不是悼亡，是实实在在的札记。不是她驾香车飘然远去他在这里望尘莫及，而是他们二人携手共同书写伉俪传奇。

网上的信息大多芜杂，有谣传民国总统徐世昌曾在他编著的清朝诗篇选集《晚晴簃诗汇》中提到，是秋芙死后，蔼卿才开始撰制《秋灯琐忆》。

实际上，《晚晴簃诗汇》中只收录了蔼卿的几篇诗作，并简略介绍了他的代表作，对他和秋芙的故事甚至《秋灯琐忆》只字未提。

又要说了，这不奇怪，女人大多是历史之外的存在。

其实《秋灯琐忆》本身也足以粉碎上面这个说法。

书中写道——今去结缡又复十载，余与秋芙皆鬓有霜色，未知数年而后，更作何状？今天我们离成亲时又有十年光阴了，我和她的双鬓都开始斑白，再过几年，又会如何呢。

可见书中那些风清月朗的故事，秋芙在世时就已有了眉目。

冒襄与小宛也好，三白与芸娘也罢，他们不是在乱世里漂泊不定，就是历经生离死别。一出出，一幕幕叫人寸断肝肠。这个故事不同，它是暖和的，像是薰笼的暖气催开了室内的早梅，花枝在映上纸窗的曙光里，在清凉的瓶口上静静地斜倚着，如同凭栏的美人，一点点温柔的红，一点点曼妙的心事。

而它最暖之处，就在于它是现世书。

它不是他写来自娱自乐的，也不是写来给后世之人闲时雅赏的，是他写给她看的。如花美眷，似水流年，为的是这一刻你在手边。

所以，最好的时光，并非约定三生三世，而是我们都在人间。哪怕无事可做，并肩坐着看对面屋檐上的雨水一缕一缕地流淌也是好的，只要有你。

青梅 >>>

严重匮乏青梅竹马式爱情的这个年代，叫人很难想象古典的岁月里，怎么会有那么多两小无猜，相倾相慕，最后结为连理的故事。可那又确实是正式的，如同瓷碗上严整的青花。

《小檀栾室汇刻闺秀词》的第四辑收录了秋芙的《梦影楼词》，并对她做了简单的介绍。

关锳，字秋芙，钱塘人，诸生蒋坦室。锳尝学书于魏滋伯，学画于杨渚白，学琴于李玉峰，镜槛书床，可想文采。工愁善病，终归学佛坦为。锳别有三十六芙蓉诗存。

这其中提到了几位风流人物。

书法家魏滋伯为苏杭地区的很多风景名胜，例如月老祠、观音殿题写过楹联。画家杨渚白、琴师李玉峰也都是当时的艺坛名人。秋芙一介女子能有机会向这些大师求教，和蔼卿的支持自然不无关联，但是似乎从小，他父亲就有意要把她培养成一个琴棋书画样样精通的女子，以至于在女童垂髫的年纪里，她就已经散发出了逼人的灵气。

和《浮生六记》里的三白芸娘一样，蔼卿和秋芙两家也是表亲。

丁亥年的新春，双方亲戚走动，秋芙随大人们一起到蒋府拜年，大家齐聚在正堂前厅。

蔼卿回忆起那一年的情景，记得秋芙当时穿了一件葵绿色的衣裳，而他本人穿的是银红色的绣袍。堂屋外，茫茫白雪的映衬下，这样一双衣着鲜艳的小儿女站在一起，肩膀挨着肩膀，额头抵着额头，帽子钗环都触碰到一起，粉扑扑瓷娃娃一样的脸面，水灵灵荔枝核一样的眼睛，谁见了也要欢喜。连邻居张情章都不禁感叹，说这两个孩子真是天生一对的佳人。

蒋氏夫妻心中是早就存了这个意思的，所以没过多久，春暖花开，日光晴媚，又逢庭院里牡丹韶盛，他们就邀请关家夫妇来参加赏花酒宴。秋芙是他们的掌上明珠，自然也随同前来。彼时，春光融融，花外流莺，蝶飞风舞，一派明丽景致。

觥筹交错几番之后，众人醺然，筵席将散。秋芙却兀自取过一方绢帕，踮起脚尖把桌上剩余的果脯包了起来，向蔼卿“挑衅”，说：“我要通通拿走，不给你吃。”蔼卿也不夺也不抢，解下衣带，吓唬她说：“我把你捆起来，看你回哪儿去。”秋芙被吓哭了，眼泪嗒嗒地朝下落，奶妈带走了她好好哄慰了一番才罢休。

大人们看到这样的场景自是乐喜不迭，当即请了老先生俞霞轩，就在花宴上为他们定了婚约。

这是蔼卿后来回忆的场景了。

连提议和证约人名都记得分毫不差，既是记性好，也是一直把秋芙放在心上。

既然已经盟定婚约，两个人就不能再见面了，可见有得必有失。

当然，这两家是亲戚，两下里节日来往总是难免的。

一年，壬辰新岁，蔼卿已长成少年，着新衣折梅踏雪而来，刚到门口，见一个青衣侍女扶着一位姿容绝美的少女登车迤逦而去。车帘下遥遥传来少女们莺语般的嬉笑交谈。

“小姐今日的双鬟髻真美，配这一件银鼠斗篷就最相宜了。”

蔼卿这才驻足在雪地里，看着两道车辙出神。原来那位貌美女子就是秋芙，久不相见，竟已窈窕初成。心中有柳暗花明的惊喜，却也不乏望穿秋水的惘然。

一年，即将科试。秋芙的父亲忽然召集了很多文友，大家聚在一起饮酒切磋。蔼卿也被邀请在列。

其实这不过是些噱头，岳丈只是想找个机会考察考察女婿，看看能不能登大雅之堂。古时候的婚姻讲究“父母之命，媒妁之言”，现在的人虽说是婚姻自由，但是再自由，父母这关总是要过的。当局者迷，旁观者清，深陷在爱情中的恋人们被光鲜的外衣，被一生一世山盟海誓的诺言一叶障目，经验富足的长辈能为之审度，其实未必是件坏事，大可不必为家长的建议或意见起了逆反心理而一意孤行。

后堂桐阴深深，众宾把酒言欢，语笑喧哗。蔼卿不卑不亢，尊师敬长，坐在了后排的位置。正因为此，他就近听到了湘妃竹帘后有钗环珠玉轻轻碰撞的声音，心下遐想，不知那深宅女眷里，是否也有秋芙的倩影。

一年，蔼卿在集市上行走，忽然车马辚辚，疾如雷电。驰骋之中，那车帘被风卷起，车上一位佳人投来目光与他相视，目光里流露出的心绪竟像是熟稔故人那般。仓促之中，他一时没想起，过了一会，殿后的马车驰过，那上面端坐着自己未来的岳母，他这才知道，原来前面的那一位就是秋芙了。

豆蔻娇龄，养在深闺，疏于示人，自然是女大十八变的。

又一年，蔼卿中了弟子员，父亲着他去拜见岳父。到了中庭，忽见秋芙立在腊梅下，戴着一顶貂绒帽，凝视着积雪的花枝。

《红楼梦》里，贾母对惜春千叮咛万嘱咐，一定要把雪地里捧梅的宝琴添进画中。白雪梅花，娉婷伊人，这样的场景确实适宜入画。这时的秋芙自然也如画中人一样，貂裘斗篷，银装素裹，成了风光照人的出塞明妃。

你在雪地里看花，看花的人在阑干下看你，两个花样韶华的人怀着各自的心事神游天外，只是互相不知。

静默中，蔼卿的银带钩突然坠落了，在长廊上发出清越的响声，悠悠回荡着。等到捡拾起来，秋芙已如惊鸿一瞥般消失无踪。这是自然的，他不仅是男宾，更是她未来的夫婿。作为女子，自当珍重。

余自聘及迎，相去凡十五年，五经邂逅，及却扇筵前，剪灯相见，始知颊上双涡，非复旧时丰满矣。今去结缡又复十载，余与秋芙皆鬓有霜色，未知数年而后，更作何状？忽忽前尘，如梦如醉，质之秋芙，亦忆一二否？

从定婚约到迎亲嫁娶，这期间，十五载岁月悠悠流失。

这十五年里，他见了她五次，每一次蔼卿都记得很清楚，像是屏风后面的画，轻轻拨转过来就可以看见。到了婚宴的当晚，道光癸卯年的一个秋夜，夜漏三声，仆婢都睡下了，二人洞房相见，剪灯对诉，他这才发现了她清减了不少，梨涡笑靥的面孔不及旧年丰满圆润。

秋芙坐在灯下，青丝一把，绾成倭堕，水滑的发髻微微偏向一侧。红绡罗衣在灯影中薄而绰约，如仙子霓裳。烛光中最适宜怀旧，大家笑着说起了小时候的事。

“我当时是真的很害怕啊，看你那么凶，一直担心你真的会把我捆起来。”秋芙在妆台前梳理着长发，看着镜中男子。

“是你先藏东西，我才逗你啊。”蔼卿靠着窗栏，枕着双臂，静静地望着双凤百褶茜罗帐顶，童年之乐，如在昨日。

渐渐地，又谈到了诗词。秋芙缓缓起身走来，入了帐帷。蔼卿听她把历代名作的心得体会娓娓道来，竟觉得自己笨嘴拙舌，不能自如对答。很久前他听到过秋芙的诗作《初冬》，其中写道——雪压层檐重，风欺半臂单。起初还以为是别人代笔，这时才相信了。

桂花的香气越过窗闼满溢到内室，浸透了层层罗帐，枕席之间流连着盆栽素馨的味道，又有飞虫来来往往，所以即使经历了白昼的锣鼓喧闹，此刻困倦无比，却仍然不想睡。秋芙便提议联诗，就有了下面这样半首未完成的作品。

翠被鸳鸯夜，红云织蝶楼。

花迎纱幔月，人觉枕函秋。

再要继续，却见廊檐下低垂西坠的月亮已昏沉，而邻家的钟声也徐徐响起，外间来了侍女，催促秋芙起身晨妆，他们这才余兴未了地搁下笔，迎接新婚后的第一天。

新婚之夜，夫妻之间竟以联诗谈笑度过，在今天看来只觉匪夷所思。可是细想之下，在那个情景里，在那个气氛里，一切却又无比妥帖适宜。甚至，寻常燕尔的鱼水之欢会为这样一个秋夜的意境打了折扣。他们不一样，一个春为心，温润如花，常记往年旧日清欢。一个玉为骨，馥才比仙，郎情妾意轻轻吟念。

这样的夜，或者才是他们的夜。

蔼卿回忆起这些事时，离结婚已有十年时光，大家安然地相对老去。

今夕在手，多年以后却不知是何境况。

昏昏沉沉的前尘旧梦，如达旦夜饮，沉醉不知。他静静地想，如果问问秋芙那些年的往事，落雨闲花的细枝末节，不知她还能否记得呢。

瑶琴 >>>

会弹琴并非古时女子必备的质素，因为那时候对居于深院的女人们来说最要紧的是恪守“三从四德”，又说“女子无才便是德”。认为操持家业，针黹女红，相夫教子，侍奉公婆才是女人的本分。这固然也是对的，只是女子若德才兼备，对于男子就更有一种吸引力，是锦上添花的意思。

《浮生六记》中，芸娘能和三白谈些诗文曲辞，不过到底是少不识字，半路出家，后来又被居家琐事繁文缛节所困，经受风尘颠沛，也不常探讨了，所以在才华上终究是次了一等。

芸娘更像是传统意义上的妻子，甚至像影视剧里的童养媳或者娘妻，比男主角更加成熟，是大姐姐，担负着照顾和疼爱自己另一半的责任。

《影梅庵忆语》和《香畹楼忆语》里，小宛和紫湘都是青楼出身，从小受鸨母教习，诗词歌赋，琴棋书画，无一不精。

但是她们又受身份所限制，不好光明正大，只能以妾室自居，身上沾染的永远是一层薄薄的香艳之气，说是妾，其实更像是有半个名分的情人，带给人的感受是妖娆而绮丽的。

这里，秋芙便好了。

既是书香门第，明媒正娶，八抬大轿迎回来的正房妻室，又不似传统妇人过于端庄严肃，兼具多面奇才。这样的女子，即使没有蔼卿与之早早定亲，怕是家里的门槛也都要给媒婆冰人们踏烂了。因为她满足了男人对身份和情趣的双重要求。

古人说“诗词曲赋”，“琴棋书画”，这样的顺序是有它的道理的。

词比诗好写，虽有格律音韵限制，但长短不一，利于变通。曲又比词好写，因为里面添加了诸多俚语，插科打诨也无妨。至于赋，尽管出现得更早，但洋洋洒洒，一片堆砌铺排，对情感的要求不高，更多的是炫技的成分。所以芸娘他们才怀疑司马相如是用这一招把卓文君骗到手的。

琴棋书画之中，画是最灵活取巧的。一幅工笔仕女图固然是画，但一片叶，一朵花也是画，只要有了画意，生活中处处能取景，更有浩大的想象空间可以任凭发挥。

书就难了一些，楷行草隶篆，各有各的章法，一笔一划皆能看出书写者的心绪，一张白纸再大，也有个边幅框住，要的是既能大笔如椽，墨浓如海，又能如锥画沙，具体而微，其间，婉转挥毫，收放自如，很是不易。

下棋，又要难三分，因为于情趣之中添了逻辑，情理相依，相生相克，一方棋盘虽只是寸尺之间，可也是天下，江湖，宇宙洪荒，而大天地里，讲的却是你和我，是豪情万丈的气象格局里存活的小人物，这就有了禅意。

琴，是最难，它要有画的画意，要有书的心意，也要有棋的禅意，要通过心意勾勒画意，再通过画意缔造禅意，七根素弦，十指纤纤，弹的是全部，也是全空，尺寸拿捏在似有若无之间，所以堪称最难。

前面说到，秋芙曾经向琴师李玉峰学习过弹琴，那应该是基础技法入门之后的事。书中提到——秋芙之琴，半出余授。也就是说，秋芙的琴技主要还是蔼卿所教。

古人形容夫妻情笃，会说鹣鲽情深，会说鸾凤和鸣。而作为情诗的宗师鼻祖，《诗经》中的一些词汇也常被采撷出来使用。比如这首《国风·郑风·女曰鸡鸣》。

女曰鸡鸣，士曰昧旦。子兴视夜，明星有烂。将翱将翔，弋凫与雁。

弋言加之，与子宜之。宜言饮酒，与子偕老。琴瑟在御，莫不静好。

知子之来之，杂佩以赠之。知子之顺之，杂佩以问之。知子之好之，杂佩以报之。

它描绘的就是夫妇之间生活和谐，相亲相爱的情景。

女人说，鸡鸣报晓，该起来了。男人说，不会啊，天上依旧明星璀璨。那些凫雁就要去翱翔了，把它射下来之后做成佳肴，我们一起饮酒说话。你弹琴，我鼓瑟，岁月就这样悠悠流逝，年华安静美好。这一对玉佩就是我们的证人。

这里，“琴瑟在御”一词的沿用度极高。瑟，和琴一样，也是一种弹拨乐器，但是弦的书目稍多。我们常说的“瑟瑟发抖”一词由来于此，形容像未止的弦一样颤抖。《诗经》中也不止一次地提到了它，在广为人知的《关雎》一篇中，男子倾慕于女子，就有“窈窕淑女，琴瑟友之”。

女人一般是弹琴，男人多是鼓瑟。男女之间以音律互相和应，如丝如缕，如诉如泣，迂回胶着，成就天籁。这确实是很美的画面。所以也有琴瑟和谐，琴鸣瑟应之类的说法。

琴与情同声，理应是为爱情而存在的乐器。

《笑傲江湖》中，令狐冲和任盈盈历经人间数年风雨情仇，最后结缡，才领悟了琴箫合奏的精妙所在。

令狐冲得到了任盈盈的指点，逐渐精研琴理。秋芙也是求教于蔼卿，琴艺才日益卓然。

……入秋以来，因病废辍。既起，指法渐疏，强为理习，乃与弹于夕阳红半楼上。调弦既久，高不成音，再调则当五徽而绝。秋芙索上新弦，忽烟雾迷空，窗纸欲黑。下楼视之，知雏鬟不戒，火延幔帷。童仆扑之始灭。乃知猝断之弦，其谶不远，况五，火数也，应徽而绝，琴其语我乎？

秋天，秋芙因为身体的原因渐渐荒废了琴艺，略好些的时候又重新演习，却已指法生疏，只有勉强在夕阳红半楼上弹奏。

古人做什么都带着风雅的兴致。小到一枚簪子，会錾上闺字，成为女子嫁妆中的一分子。大到亭台楼阁，会起各式各样婉妙绝伦的名字，挂上精致匾额，情趣倍增。

这个楼叫做“夕阳红半楼”，想来是因为暮色四合之时，落照盈满窗阑，映红帘帷与家什，琴房之内，微光弥漫，檀清花静，如若天上宫阙。

不过那一刻，景色并不像它的名字这样美。秋芙手中的弦调得高不成音，再调，到五徽之处，叵然而崩。秋芙失了兴致，勉强换上新弦。忽然烟雾笼罩，窗纸都黑了，才知道楼下着火了。侍女童子忙作一片才灭了火。

蔼卿秋芙夫妇心中向佛，此时他有了不祥之感。

五，是主火的数字，虚玄之间，带有谶意。像是琴，借这个机会向他说些什么似的。

浮花游 >>>

古代的女子们应该很喜欢一个节日，就是三月初三的上巳日。

俗语说，三月三，九月九，最是一年好时候。九九重阳节，凉风送爽，茱萸遍地，持螯赏桂，清秋入梦，自然是炎夏之后的宜人时光。而三月初三上巳日，杨柳如幕，绿草远生，远山近水，探春而游，也是一大快事。所以这个节日是平时幽居闺苑，难得出行的女子渴慕的盛会。到这一日，她们会着新裁的罗衣，亲做的绣鞋，结伴出游，踏莎而行。水湄山脚，远远就能听到她们的欢笑之声。

杜甫的《丽人行》里，就曾描绘过长安上巳日女子们在水滨嬉游的盛况。

三月三日天气新，长安水边多丽人。态浓意远淑且真，肌理细腻骨肉匀。绣罗衣裳照暮春，蹙金孔雀银麒麟。头上何所有？翠微盍叶垂鬓唇。背后何所见？珠压腰衱稳称身……

《秋灯琐忆》中秋芙和蔼卿二人的生活带给我的感受就是他们天天在过上巳节。

她不受闺阁的约束，可以恣意与他抱琴同游。路遇美景，时值良辰，就坐下来弹抚一曲，至为惬意。蔼卿自然懂得秋芙的蕙质兰心，也不愿她在深宅之中耗尽芳华，所以访道求佛也好，登山渡水也罢，身边总有秋芙如影相随。

潮湿闷热的夏夜，他们一同乘车去理安寺夜游。出门没多久，就响起了滚滚雷声，撩起车帘，也见狂风急旋，显然是有一场暴雨将至。车夫见山雨欲来，劝主人返行。但是蔼卿游兴正浓，执意要他起行。

果然还没到南屏山，就见乌云沉沉，远山暧暗。过了片刻，一道白光如同绸练一般从独秀峰顶刺落而下，那时候的天好像就在头顶一尺处，触手可及一般。

雨水倾盆，在灰蓝色的山川之间，他们看到这样的一场山雨。

与其说是一意孤行，被困山中，倒不如放达些，看成是难得的，与天地自然亲昵的机会。

宋代的词人王观在《卜算子·送鲍浩然之浙东》一阕中说——水是眼波横，山是眉峰聚。

此刻，蔼卿和秋芙眼前的山水也是如此。那遥远的两线山峦被雨水濯洗之后，像是美人卸了晚妆，微微凝额，眉尖若蹙，翠黛氤氲。无怪乎《西京杂记》中，对卓文君的形容是“眉色如望远山”，而伶元的《飞燕外传》中又有——合德新沐，膏九回沉水香；为卷发，号新髻；为薄眉，号远山黛；施小朱，号慵来妆。

娇妃合德创此艳举，一时，民间也风行起来。晏几道的《六么令》也载录此类美事。

绿阴春尽，飞絮绕香阁。晚来翠眉宫样，巧把远山学。

一寸狂心未说，已向横波觉。画帘遮匝，新翻曲妙，暗许闲人带偷掐。

前度书多隐语，意浅愁难答。昨夜诗有回文，韵险还慵押。

都待笙歌散了，记取留时霎。

不消红蜡。闲云归后，月庭花旧栏角。

山眉水眼，缘来如此。

雨停后，蔼卿与秋芙相携着往山深处走。蔼卿说："不如玩个问答游戏，不知者受罚如何。"秋芙嫣然一笑，说："洗耳恭听。"

蔼卿便说："词牌中有名《眉妩》者，你可知来处。"

秋芙博学，眼波一转，娓娓道来："《汉书·张敞传》里记载——长安中传张京兆眉怃。宣帝知道到了，认为他为妻室画眉，是夫妻和谐的楷模。"

蔼卿笑道："好吧，你要怎么惩罚我呢。"

秋芙说："就罚你以后学京兆尹，日日为我画眉吧。"

蔼卿说："这是闺房乐事，心甘情愿，怎么能说是受罚呢。"

就这样一路赏景言笑，消暑笑谈，连衣袖被树枝花叶上的残雨浸湿也未察觉。

不知不觉走到了理安寺，寺中有一位查姓僧人，与蔼卿知交，这一月，正好是他在寺中主讲经文。见到蔼卿夫妇造访，就领他们二人去他的草庐僧舍中雅坐半晌，设一席素斋款待。

饭毕，这位大师又取出自己所绘的一卷白莲图赠予他们。

白莲出淤泥而不染，人们又常说并蒂莲开，形容夫妻再好不过。

不过秋芙目远心宽，并未仅仅想到男女之情。《维摩经》中说，不著世间如莲花，常善入于空寂行。而《二十四章经》中也有“我为沙门，处于浊世，当如莲花，不为污染”之句。我佛慈悲，佛祖悟道后，起座向北，绕树而行，又正是步步莲花。

秋芙便提笔在白莲图上题写了下面这样一句诗，可算是一种对佛法禅缘的大悟。

空到色香何有相，若离文字岂能禅。

在草庐中，大家煎茶烹茗，促膝长谈，十分愉快。

辞别了查大师，他们又经杨梅坞来到了石屋洞。洞中乱石成堆，拱成天然几案，秋芙就把长琴安置在石案上，弹起一曲高邈深长的《平沙落雁》。众所周知，《平沙落雁》是古琴中的名曲，吟猱多逗，轻重分明，对演奏者的要求甚高。弹好了，古朴恬静。弹不好，只怕暴殄天物。

《天闻阁琴谱》对它有过非常精炼优美的解析。

盖取秋高气爽，风静沙平，云程万里，天际飞鸣，借鸽鸿之远志，写逸士之心胸者也。后之学者，遂互相唱和，分律变调。操数种，而音调皆同。惟独此操气疏韵长，通体节奏凡三起落；初弹似鸿雁来宾，极云霄之缥缈，序雁行以和鸣，倏隐倏显，若往若来；其欲落也，；回环顾盼，空际盘旋；其将落也，息声斜掠，绕洲三匝；其既落也，此呼彼应，三五成群，飞鸣宿食，得所适情，子母随而雌雄让。亦能品焉。

而那时，夏雨初霁，云归岩暝。秋芙素手柔荑，细拨丝弦。洞外积水空明，涧流潺潺，与琴声相辅相成。蔼卿与她相对而坐，几乎忘记了这一刻他们是生活在尘世之中。

苏东坡的《记承天寺夜游》中以末句最为精妙，说："何夜无月？何处无竹柏？但少闲人如吾两人者耳。"

这个世界上，景致从来没有优劣之分，只在乎赏景的人是否有闲观的心境。若能忘却尘寰，心向天外，即便是再寻常不过的景色，人与它之间也能达成一种灵犀之意。

不久，暑热渐收，暝烟笼罩，便抱琴折返回家。

路过苏堤，只见垂柳如丝，明月别枝。至家中，因为门房紧锁，仆婢未能及时进屋查看，内室已经被积水淹没。用筠笼烘熨良久，至五更才歇下了。

时过夏末，秋月无边。

蔼卿几日前去了西溪，归家时秋芙已经出门了，她因为月色正好，就背了琴，带着一个小丫鬟，到湖上去泛舟。

蔼卿在湖上遍寻不得，最后循着浮萍被瓜皮小船划开的痕迹，在苏堤第二桥下与秋芙相遇。秋芙在船上弹《汉宫秋怨》以应清秋节景，秋凉如水，蔼卿轻轻为她披衣。那时，四面山峦烟霭沉沉，流星婉月浅映碧水。琴弦遍响，像是天风浩荡里来回行走的广袖仙人们以衣袍翠带撩动环佩琮琮。

琴还未弹完，船头已靠近漪园南浦，二人相携下船到白云庵中拜访一位比丘尼。

这位师傅也是他们的旧识，亲采池中莲，做成莲子羹招待他们。

回家的途中路过段家桥。上岸后，他们铺了一张竹席在岸边闲坐说话。城市之中，万家灯火，车来马往，嘈杂不宁。蔼卿想起去年，他曾在这里的石柱上题下诗句。一年过后，斑驳一片，早已无法不清。想再写，却已无处可写。无疑这是让人惆怅的。

人常记得去年今日事，却等花开过，春来过，就不复存在，了无痕迹。

这时，北斗星稀，白茫茫的雾气笼罩着湖面，城里的更鼓次第响起，已敲至第四声，确实已经到了回家的时刻。

入了深秋时节，蔼卿带秋芙去西溪游玩。

一来，他家中有一所槐眉庄园就在那里，去了可以除除门厅芜草，扫扫堂上缁尘。二来，有一位叫佛缘的高僧居住在不远处的斋馆中修炼，据说他待人接物规矩严明，又能通晓过去未来之事。他们夫妇素喜研习佛法，也可乘此机会向高僧求教。

到了芦苇遍地的西溪，他们一直往西行。

翦翦秋风，恻恻轻寒之中，芦花随风飘荡，在湛蓝清旷的天幕之下如同飞雪一般飘逝而去。流波婉转，水天一色，秋芙便随口吟出一首《迈陂塘》。

看溪山、一十八里，秋容瘦削如许。粼粼漾漾平陂水，摇荡白苹花雨。天欲暮。任今夜、乌篷随水随风去。芦花浅溆。只第一防它，眠鸥飞起，又闹半汀絮。

人间事，从古浮名无据。百年难得萍聚。青蓑何似归休也，料理钓筒渔具。溪尽处。便不用、扁舟也算浮家住。柴门河渚。纵不种蒹葭，也堪约略，种带水杨树。

芦荡深处有几间佛家水阁，名曰“云章阁”，并非佛缘师傅的居处，而是供奉佛祖的所在。等到抵达佛缘师傅的禅堂，景象却让他们大吃一惊。原以为是清净如仙的长老，反是一副鼻孔朝天，似聋似瞎的劣相。他们深谙人不可貌相的道理，而且佛家原本就有荒诞如济公作风的一派，也就忍住没有发作。

一场早雪把庭院染成缥白，秋芙站在堂下初晴的日光中，像是一树绿梅。她刚才强克笑意，这会终于如梦初醒忍俊不禁地大笑起来，贝齿如玉，灿烂无比。

秋芙游兴未足，还想去永兴寺。他们就去了二雪堂。

在那里，赏到了汪夫人的方佩、书法和篆刻。这个汪夫人，据前人研究，应该就是《香畹楼忆语》作者陈裴之的妻子汪端。

他们又去残雪斑驳的小溪边寻找炙背鱼和剪尾螺。过了一日，又游玩了交芦、秋雪几座古刹，僧人用松萝茶来招待他们，还邀请他们在《交芦雅集图》上题字。听这幅画的名字，可能是专门用来募集八方文人墨宝的一幅长卷。

等到坐船回去，已经日暮西山，钟磬遥催。

秋风吹长河，寒意渐生，秋芙穿得单薄，蔼卿脱下坎肩为她披上。在落照中，二人相对凝眸微笑。

船行到夜半才返回庄上，此时远山寂静，近水无波，唯有狗吠叫着打破夜的安宁，迎接归人。再看溪水那一岸明明灭灭的渔火，他们隐约想起了孟浩然《夜归鹿门歌》里的场景。

山寺钟鸣昼已昏，渔梁渡头争渡喧。
人随沙岸向江村，余亦乘舟归鹿门。
鹿门月照开烟树，忽到庞公栖隐处。
岩扉松径长寂寥，惟有幽人自来去。

寒来暑往，到了乙酉的夏天，雨水势盛，积涝如泽，他们居住的草堂都被淹了。

蔼卿想起来，在招贤寺的旧址那里有一所葛林园，几座曲折水榭，几处竹林青石，更有池畔一树唐宋时的古凌霄花，花开时如烛火明灭。僧人半颠和他的师傅破林就居住在此。听闻他们家中受了水淹，半颠寄了信来，邀请他们去葛林园暂住。他和秋芙就收拾细软出了门。

那时，街市上四面水茫茫，甚至都可以划船捞鱼了。

在半颠的草堂里，他们可以连绵不绝地谈禅或诗，时间轻轻从身边过去，不知不觉。饿了，他们就让赤脚的侍女去岳飞墓那里买一种素馅包子来吃，吃剩下的就拿来喂鱼。

秋芙懒懒倚在水阑边观鱼，无意之间，玉簪从发髻间掉落，笔直坠于水中，咕咚一声。片刻后，涟漪散尽，只有别在簪子上的素馨花还流连着荡漾在水面上。

蔼卿说："很可惜啊。"

秋芙望着波平如镜的水面，说："这就是我和它的缘分尽了。该去的，终是挽留不住的。"

就是这样，他们春日在庭院的桐阴下赏花，夏夜在幽深的山林里观雨谈佛，仲秋就折莲抚琴，初冬则戴雪而归。

纵不及神仙千年不老，可过的也算是神仙的日子，甚至比神仙更好。神仙虽飞离红尘永世长存，但形单影只，来去孤独。他们不同，这一生时日虽短，却不虚度，时日虽长，却不寂寞，因为彼此为光，照亮前行的路途。这一路，有风就听风，有花就看花，若只剩下荆棘，也无甚关系，因为让他们心存留恋的，从不是这尘世的风景。

暇光漫 >>>

千禧之年前后，网上流行起一种叫做“穿越文”的小说。一个人，以落水、车祸、雷击等等方式为穿越隧道，由今至古，横跨历史，以另一种别开生面的方式在古代演绎自己的神话。这是现代人的一种精神寄托。

阅读单纯古代视角的作品已经无法满足他们的时候，就只好加强这样的代入感，好让自己更加身临其境地参与到宏伟诡谲的宫廷斗争或者是金戈铁马的江湖风云之中去。

幻想终究是幻想，科技再发达，人力再强大，时间指针也是无法拨转的。或者即便可以拨转，即便可以回到千百年，今天的我们也没有这个能力在古代存活。

唐朝后宫妃嫔的衣服要经历四四一十六道香薰工序温熨之后才可以收入柜中存放，宋朝贵族女子点绛唇的红脂膏子由上百种珍稀花草研磨提炼制成，明朝的家具多是用木贼草手工打磨到盈润之极才被送入万户千家，而清朝的达官商贾在自家园林中听一出全本的戏要花上三天三夜的时间。

这种闲适，这种优缓的姿态，这种不和时间争渡的情致，今人的身上太少见了。

今时今日，一天不碰手机或电脑，也许有人就会崩溃。

忙碌的时候，或者可以强行让自己停一停。看看阳台上陶罐小盆植最近的长势。看看金鱼长长的锦尾在水里浮散如丝缕。看看市面上是否有了山里出产新茶，可以买来犒劳自己连日的辛苦。看看窗外的天色是否又要落雨好给母亲一个电话，问她现在到了阴天是否仍然会感到腰背不适。

完全可以做到的细节和小事，只是常常忘记。

所以，连这样与自己息息相关的人事物都不记得，为一朵花的凋零而出神的古人，我们又如何做得。

唐朝，著名的女诗人薛涛曾经制作过一种信笺纸。这种纸以浣花溪水、木莲树皮、芙蓉花汁制成，长短适中，绛红深艳，最宜用来题诗，所以极受文人们的推崇，以至于后来官方国札都采用这种纸笺。《蜀笺谱》更是把它和谢景初的十色笺相提并论。

至灵之人，才华从来不局限。会写诗，或者也通音律，或者也擅丹青。这就是所谓的一理通而百理明。就像薛涛，诗写得好，心思也妙，手也巧。

秋芙也是如此。

她在金盆中把蜀葵的叶子碾捣成汁液，加上云母粉调拌，用以染纸。最后的成品晶莹蔚绿，如波光粼粼。情人眼中一切皆美，一切皆最佳，更何况这纸着实精致，蔼卿便以“虽澄心之制，无以过之”一句概之。

秋芙似乎没有为这种纸取名，或者我们可以在心里叫它“秋芙笺”，或是“戎葵页”。

秋芙用它来誊录《西湖百咏》，簪花小楷配缥碧纸张，相得益彰。只可惜，这后来被蔼卿一个叫郭季虎的朋友拿走了。郭季虎曾在《秋林著书图》上题下了诗句，以记载秋芙制笺的美事。

诗成不用苔笺写，笑索兰闺手细钞。

午后，诗笺静静地躺在黄梨木的书桌上，窗外的飞花凄迷，吹进屋来，落在诗笺上。

伏案休息的秋芙朦胧中抬头看了看窗外，池面上的点点落花在日光里像是摇旌而去的木兰船。她走出门去，捡起落花，以玲珑心堆砌花瓣，砌成字，再连成词。写的是半阕《谒金门》——春过半，花命也如春短。一夜落红吹渐漫，风狂春不管。

秋芙的句子读起来，似乎颇有宋代的才女朱淑真下面这一首同牌词作的风韵。

春已半，触目此情无限。十二阑干闲倚遍，愁来天不管。

好是风和日暖，输与莺莺燕燕。满院落花帘不卷，断肠芳草远。

朱淑真腹有诗书，娟颜雅丽，却嫁得不好。夫妻之间，志趣相异，因此常陷苦闷之境，最后竟郁郁而终。难怪她笔下的春天总是不见明亮之色，而字里行间满是哀愁。

秋芙与她不同，夫唱妇随，伉俪好合，其实大可不必模仿前人的腔调。好在“风狂春不管”的“春”字尚未砌好，就来了一阵清风，把花瓣吹散了。秋芙怅然若失。

蔼卿本来是站在一边闲观的，这时调侃道："这可真是'风狂春不管'了。"

类似的情节其实《浮生六记》中也曾有过，三白布置的一座盆景被跳蹿的猫撩到地上跌碎了，三白和芸娘颇觉伤感，感叹上天连这样的小情趣都不愿意留给她。

而这里，蔼卿和秋芙只是"相与一笑而罢"。

万事万物，伤中见大美，大美必有伤，平庸自然有安全保障，可惊喜之处往往就存在着危险，这是我们应该明白的道理。所以，花开花落，帘垂帘卷，流年消逝，故人辞别，只需要付以一个微笑，就这么简单。

记得李商隐有一首诗作《重过圣女庙》，开头说，萼绿华来无定所，杜兰香云未移时。这里提到的两位女子——萼绿华和杜兰香，她们都是天界的仙人，诗句是形容仙人来去缥缈之姿。《太平广记》中对萼绿华的事有过载录，说她年约二十，上下青衣，颜色绝整。

秋芙为蔼卿制作了那样精致的戎葵笺，蔼卿自然要投桃报李，就为她裁了一件极美的衣裳以作答谢。要说用多么细腻华贵的衣料缎子，那一定落了俗套。这件衣服最绝妙的地方，在于它是一件"画衣"——在衣服上画了一树梅花。秋芙披着它在庭中旋舞，香雪回翻，霓裳羽衣。蔼卿说她"望之如绿萼仙人，翩然尘世"。

暮春时节，秋芙着此衣凭栏远眺。蝴蝶当真以为她是一树梅花，翩翩飞来，良久不去，竟不知春天早已走远。

看来，招蜂引蝶的本事，秋芙可以和传说中的香妃平分春色了。

画堂下，秋芙种了一棵芭蕉树。

秋来风雨，蔼卿长夜难寐，只听那窗外雨打芭蕉，声声凄诉，如滴心上，忧愁欲碎。这样的秋夜，叫谁都难免如此。林黛玉作《秋窗风雨夕》，只叹“谁家秋院无风入，何处秋窗无雨声。”次日晨起，蔼卿就在芭蕉叶上题诗。

是谁多事种芭蕉，早也潇潇，晚也潇潇。

过了一日，只见上面有人续笔题句。

是君心绪太无聊，种了芭蕉，又怨芭蕉。

显然是秋芙的笔迹。秋芙不太工于书法，不过认识魏滋伯、吴黟山两位老先生之后，学习了晋唐之风，很有些长进。可惜后来生病，视力又不如以前了，不好长期习字，但偶尔写几个字，还是十分秀媚可人的。

秋芙的续笔很容易让人产生一些与命理人伦有关的思绪。这世间万物，存在就有它的原因，人在其中，不可与之搏斗，顺其自然，随遇而安是上道。江河川流，大浪淘沙，岁月自会在年轮旋转之中把该显露的显露，该隐藏的隐藏。世事，有天之无形手在默默调度。

蔼卿也为这一句冥想了很久，想了些什么，书中却未言明。

不过，关于生命与人道，秋芙也时常有想不通的时候。

又是一夜风雨，帘帷飘卷，枕席微凉，秋灯如豆。蔼卿在书案边写《百花图记》，秋芙在窗边卸晚妆。偶然有几篇枯叶被风吹落，秋芙揽镜自照，不禁感慨："昨日胜今日，今年老去年。"蔼卿听了，放下笔，走到她身后。

夫妻二人，镜中相视，他劝她："人这一生，不满百年，哪有工夫为这些闲人闲事伤怀。"秋芙握住他的手搭在自己肩头，略觉宽慰。

至深夜，秋芙口渴。蔼卿起身去烧茶，灶里却早已没有余火。唤仆婢，也都在睡觉。只好分了半盏灯温了一碗莲子汤给秋芙喝。火光里，彼此的脸都是橘红色的，不必说话，只这样相望，夜凉也就不算什么。

秋芙那几年身体不好，常犯嗽疾，往往要把枕头垫得很好才能睡好一些。这一年略好了些，大约是睡眠饮食调理得宜的缘故。所以像这样夜半索饮，蔼卿一点都不敢耽搁。秋芙喝完汤又睡下了，蔼卿却还要辗转几下，想她最近虽好，却不过是初秋的样子，到了深秋，还未知如何。

人们常问爱是什么，希冀于把爱具化，求到爱的表象。

那么，就是如此。爱就是我夜半口渴醒来，你能下床为我倒一杯水。

辰光缓慢，需要有配得上它的人，适合它的节奏，找准它的节点。我们太快，太着急，太匆忙，以至于渐失情怀而活得没有美感。

这样的画堂安静，流时如沙，更鼓与莲漏要一声一声地听，一刻一刻地过才不算是辜负。

芍药花开的季节，记得收集煎茶的清明雨。

雁字归时，记得祈祷仆仆风尘的良人这一路平安抵达。

香灰在炉上折断的那一瞬，记得许下温柔的心愿。

这些琐事，即使不为所爱的人，自己临睡前想起，大约也会觉得笃定美好吧。

人寂 >>>

有一首老歌，叫做《萍水相逢》。

万紫千红争艳/垂柳也依依/虽然草木无情/也还露春意/小小知更雀儿/到时要畅啼/听取爱的呼声/别让它窒息/如今被摈弃各东西/总有一天风波不起/记住这仅是暂别离/相逢还在风流里

别离的一刻就在等待重逢，这个烂漫的春天和蔼卿眼里的春天倒颇有相似之处。

秋芙归宁，留他独自在家中，落寞之情自然难以言表。秋芙曾有一卷画像，是她抚罢素琴，在月光中伫立的样子。秋芙走之前戏言：“长夜漫漫，就用这幅画来陪伴你吧。记得用瓣香来谢谢它哦。要是空置在房里的话，美人会有秋扇遭弃的感觉的。”

这里的典故，想必很多人也知道。汉朝著名的妃嫔班婕妤本来极受皇帝恩宠，后来飞燕合德姐妹入宫，就逐渐被冷落。于是她作《团扇歌》一首——新裂齐纨素，皎洁如霜雪。裁作合欢扇，团圆似明月。出入君怀袖，动摇微风发。常恐秋节至，凉意夺炎热。弃捐箧笥中，恩情中道绝。清朝才子纳兰容若广为传诵的一阕《木兰词》里，那句“人生若只如初见，何事西风悲画扇”说的也正是此典。

女子敏感多疑，常觉故人心易变。男子风流不羁，也多有拈花惹草之辈。《红楼梦》写贾琏——只离了凤姐便要寻事，劣根性可见一斑。故此，秋芙也特意叮嘱了一遭，希望自己不在的这些时日，他心中所想所念的仍然是她。

蔼卿自然没有怠慢，遵嘱把画像挂在卧房中，每天都奉之以沉水檀香。这可真真正正算是“爱的供养”了。

偶有过神思恍惚，却也是人之常情。

像是这一日清晨，走过一个女子闺房，见窗阒犹闭，帘栊尚垂。忽然听到了里面仓琅一声，大约是梳篦从手中滑落掉到了地上。帘帷隐约，重幔轻拂，晨光如水一般涌入内室，绰绰不清之中，见一女子正在梳理晓鬟，初上晨妆。那发髻绿云扰扰，细腻光滑，明亮如镜。

他想到元稹《离思五首》之中的一首。

山泉散漫绕街流，万树桃花映小楼。闲读道书慵未起，水晶帘下看梳头。

我之所以喜爱《秋灯琐忆》，并非是作者文辞有多华美，或者故事有多曲折，而在于它记录的这些往事，离人是这样的近，像是手指一勾就能撩拨到琴弦。有时候，会怀疑自己曾经在他们所描述的这些风景里徜徉过一遭，不然此间的飞鸟与花枝，回廊与香室，不会这样历历在目，清亮明晰。

更重要的是他真诚。书中没有辩解、隐藏和粉饰，只是一笔一划地记录，至诚而至美。

就像是这样，在别家女子窗下流连的事也写进书中。

这不同于《浮生六记》里关于憨园的片段，憨园上场是有意安排的，特意给了她一个空间去展示，一招一式都像是议程的一部分，是个不讨喜的存在。它也不同于两篇忆语中关于陈圆圆或者幼香的插曲，男主角未免因此显得心不在焉，女配角又锣鼓喧天有抢戏之嫌，热闹是热闹，只是热闹的面孔后藏着凉薄的灵魂。

蔼卿在窗下观望欣赏一番，兀自远去。这浮光掠影是一场小小的感冒，病中的他完成了一次小小的精神出轨，若为他找个借口，也算反向作用增强了婚姻的免疫力。在前面两大风流才子垫背的情况下，这一段对他们的爱情来说尚算瑕不掩瑜。

蔼卿饲养了一只鹦鹉，叫做翠娘。这名字取得好，一听就能想象出它那种通身碧绿的样子。这鹦鹉也确实通灵，一呼即应。和林黛玉的那只鹦鹉一样，翠娘能吟念几句诗文，都是侍女秀娟所教。

往日里，蔼卿夫妇在房中下棋，秀娟在廊下侍花，念“春眠不觉晓，处处闻啼鸟”。翠娘就跟着学舌。后来秀娟出嫁了，一宵风雨，达旦夜饮后醒来，秋芙还如往昔一般向帘外探问海棠花的长势。半晌，廊上无人应答，只翠娘轻啼，才想起秀娟早就不在家中做事了。

秀娟不在，翠娘的饮食无人调理，日渐憔悴，也不大说话了。这一日，蔼卿正洗漱，忽听外间轻语如珠，温嗓细气，像是秀娟的声音。走出来探视，才发现是翠娘。

他想，这么久了，翠娘会不会想起那个教它念诗的女子呢。

好几日没有去巢园，再去时，他看到廊檐下的背阴处已经有了斑驳生苔的迹象，写下了两首五律。

一觉红蕤梦，朝来记不真。
镜槛无人拂，房栊久不开。
昨宵风露重，忆否忍寒人？
欲言相忆处，户下有青苔。

他写道，那是秋芙回娘家之后的第三十五天。

很难想得出他为什么把光阴记得这么清楚，是否每过一天，都要用朱笔在纸页上画一横画一竖，画成正字来计算她不在的这些时间。

这些时日，他都是虚度的。

这些时日里，秋芙在做什么呢。是不是和亲友在家中嬉笑闲谈，一群姊妹，三五闺知，持果而谈，应接不暇。他又想，这么久了，秋芙会不会想起有一个人在寒风微露的料峭春夜等待着她呢。

歌里说，思念是一种很玄的东西。

别离，是为了铭记今宵的回忆。

月下的竹影一撇一捺，在窗纸上摆成一个个细小的人形。纱帷在夜风里飘飘卷卷，长巷里弥散着群青色的雾光。他在床榻上，朦胧中想起西溪老家的槐眉山庄，记得山庄里长了很多竹子，春来时，一夜惊蛰，雨水正白，新笋破土而出。秋芙带着秀娟用鸭嘴锄采笋，和野菜一起用盐煮，滋味鲜美。

现如今，秀娟走了，他和秋芙也日益老去，容颜一年年沉衰。只有竹子，春来还是照常发新笋，一竿一竿，用翠色照映着去年的人。

除了竹子年年拔节，还有衔泥的燕子，它们也是流年的见证。来一载，去一载，时光在它们被微雨濡湿的翅膀下面飞逝而过。

去年燕子来得迟，春天已经过半，桃花零落如霰。夜间，他和秋芙正酣睡，忽然听到了窗外檐下有东西坠地。秋芙披衣探视，原来是燕巢倾落了，雏燕蹒跚在地。秋芙赶紧取了木片和钉子，架了竹梯把鸟巢固定了一番。

今年燕子又回来了，或许这一只大燕子就是去年的雏燕，它细啄春泥的时候会不会想到秋芙呢。那个去年深夜救它一命的良善女子。

大概不会吧，诗里说“三月香巢已垒成，梁间燕子太无情”啊。

春深夜长，天岑地寂。万物静默如谜。

路上敲更守夜的人习惯了孤独的夜色，所以这种对于别离的不适，大概怎么也不能体会。长风在巷子里汩汩扫去，好像不经意之间就扫走了很多年。春花秋月，夏雨冬雪，一扫而空。

芙蓉绣枕上有秋芙的气味，她用的香，她用的露，她用合欢花浸泡过的水清洗头发的味道——在布料和荞麦颗粒中沉淀下来。

他沉沉睡去。

梦中是一个往年的秋日，他和秋芙在虎跑泉的桂花树下烹茶。

细小的花瓣落满香肩，落在雨后的地面上，簌簌一层。诗中有“人闲桂花落，夜静春山空”之句，大约就是这样甘淡的素朴时光。秋芙欲折花枝簪鬓，却被低枝拨乱了发髻。蔼卿沾了清泉水为她抿发。临走时，又折了几枝花插在车上。城中人不常外出，消息闭塞，这样一路木樨花香地驰过，是为告诉他们新秋的消息，带去山里的花讯。

醒来后，晨光像问候一般照了进来。

笔架上的狼毫在悠悠地轻颤，又听窗外井阑边有汲水的声响。

他大喜过望，拂帘而出，果真是秋芙回来了。她站在花荫下，撩起额前垂落的发丝向他微笑，说厨上黄粱已熟，赶紧盥洗用餐。

听闻虎跑泉所在的慧禅寺里又引植了几株桂花。

金粟世界，天香国域，相信如来宝殿也会为此增色。

他已在心中暗暗拟定了今年赏花的佳期。人说花神有情，那么那些在桂枝齿叶间窃窃私语的精灵们一定记得，昔年也曾有一对璧人曾在秋凉之季来赴这个暗香汹涌的约会。

善信 >>>

有信仰的爱情是牢固的。这里并非是说要信仰爱情本身，而是爱情中的男女最好有各自的信仰。烟火红尘，世俗男女，皆饮凡食，你很难说彼此走到一起最初的动机是为了什么。是为妾有颜如玉，还是为郎有黄金屋。如果有一天，我失去了财富，你也逐渐颓老，“爱”这个字，还能不能站得住脚。

答案冷暖自知。

爱情之中，背叛对方并不困难，可背叛自己，背叛信仰，就很少有人能敢做得出了。

神佛在天上看着世人修行，他们是其中之一。

一起探讨佛法，沐浴佛光，人自有一种清凉。这个想来也是蔼卿和秋芙的爱情在欢娱的同时能一直保持着笃定冷静的原因。

故友余莲村到杭州来，携带了一瓮惠山泉水。适逢墨僙大师在天目山讲道，寄来初采的头纲新茶。雨水滋润，庭院里的梨花正皎白如雪。秋芙取了茶叶和泉水，在廊檐下用竹炉烹制。山林之外传来避雨鸟雀的鸣叫。蔼卿和莲村在内帷饮茶闲谈，一直到入夜。

夜深时，秋芙在窗下剪灯花。

莲村盛赞了一首觉阿法师的《咏怀诗》，诗中说“自从一见楞严后，不读人间糠粕书”。秋芙一边用竹签拨明灯火，一边问他此言作何解。蔼卿与莲村是旧交，心领神会，替他解释说：“觉阿大师遁入空门之前是秀才，修炼十年，法眼天开。他的居所周围都是梅花，花开时节，他就在树下参禅礼佛，书偈写诗。昔日简斋老人评价《华严经》，说其中内容就像水一样颠来倒去。这简直荒谬。和觉阿岂是上下伯仲就可以分出来的。”

帷幔轻轻拂着竹席，白瓷壶里的茶凉了，秋芙静静地为它续上热水。

莲村小住几日之后又要为生计劳碌去了。蔼卿向他感叹：“没有看到《咏怀诗》的全诗不能不说是个遗憾。”

蔼卿夫妇送他去渡口，岸头船头，执伞而立，相望无言，江湖上如水之交从来如此。可惜莲村终是此间凡人，难以高蹈遁世，双腿终是为一撮盐五斗米奔忙。

很久以后，他们听说莲村客居在毗陵。夜雨寄北，蔼卿写下书信，问候了他一声，是否别来无恙。萍踪云影，知音之间能做的，也唯有这么多。

秋芙也不乏一些闺中密友，时常如鸿雁来宾。比如前面写《香畹楼忆语》提到的沈湘佩、沈湘涛两位名媛。

这一日，湘涛夫人带来了自己写的诗，请秋芙删改，其中有一句说“却喜近来归佛后，清才渐觉不如前”，其中禅意昭明，若见莲华。后来秋芙曾以一阕词来回赠她，词中说“怕归去灵山，问伊迦叶，也只笑而已”，又说“君不见、青莲火里何曾死”，显然已是大悟。

扫地，侍花，净手，焚香。这是佛家弟子该做的事。

秋芙生来讲究清洁，总是不厌其烦地做这些事。蔼卿不这么认为，若如此就算诚心，就能立地成佛，那么寺院中的扫地僧日日打扫山门，内殿的小和尚日日为施主们上香，早就该修成正果了。他说了一首王栖云的偈诗给秋芙听。

日日扫地上，越扫越不净。

若要地上净，撇却苕帚柄。

这首偈诗很容易让人想起《红楼梦》里一段情节。黛玉和湘云闹别扭，宝玉两头劝和倒受了夹棍气，冥想苦思，又兼听了宝钗先前念了《寄生草》，里面说“赤条条来去无牵挂”，一时悲从中来，写下一副偈诗。

你证我证，心证意证。是无有证，斯可云证。无可云证，是立足境。

谁知，后来黛玉来怡红院探他，未见着人，袭人倒把这副帖子递与她看。黛玉和宝钗她们玩味了一阵子又来来寻他，笑他悟得不透，再添了两句，方成了大悟。

无立足境，是方干净。

所以，蔼卿这样说，自然有他的道理。佛不在别处，在心里，心中有佛，则处处有佛，心中干净，则处处干净。

不过秋芙不这么想。作为家庭主妇，洒扫庭院，奉香拂案是她的习惯，要真是像他说的那样，把扫帚一扔，抱头睡觉，家里的灰积成尺厚，日子就不用往下过了。秋芙自然不是冥钝。以前，有过一位瑶华仙史，曾在春夜于巢园设乩扶鸾，说秋芙是侍奉观音大士的昙阳仙子转世。且秋芙有才，还斋戒了二十年，《楞严经》、《法华经》过目不忘，烂熟于心。她是很有慧根的，对空门世界一直怀有向往，只是尘事羁绊，像打扫这样的事，她不好随心所欲罢了。

唯心唯物，是刹那之间的意念，已无对错之分。

蔼卿不止一次写到秋芙的辩才，这里也就不与她起纷争，日子仍旧如初。

高堂双亲上了岁数，沉疴难医。他们就在家中修设了一个法坛，为老人长诵《玉皇忏》。

秋芙当时做了一篇骈文，辞藻极美。后来他准备誊录，却已找不到手稿。蔼卿想为秋芙收集载全她全部的诗文，心情固然可以理解。但我私心认为，文字和书写从来都是属于过往的，它的存在没有现时的意义，完成，即意味着消逝，与到来的下一刻已无关联。

秋风飒飒吹满罗屏，霜月高挂碧海青天，瓶中供养的菊花如金澜美艳。

夜深的时候，不知从何处传来悠远钟声，山气一般巍峨传来，这夜就更显得寂静。烟霭茫茫之中，秋芙依偎在他身边，说真像是到达了天上宫阙，而非红尘人世间了。

蕅卿交朋广阔，一日，故友宾梅也来到草堂，带来一柄纨扇请他题诗。蕅卿写下新近做成的一首词。其中有一句——前期未稳，怕再到兰房，剪灯私语，做梦也无分。

相思之情，溢于言表，宾梅说："怎么，做梦也梦不到佳人？"

秋芙慧心，怕他们相公之间谈这些话会拿她来揶揄，说："这只是其一，前两日另作的一首你未瞧见呢。说'不是绣衾孤，新来梦也无'，这连梦都不做了，又怎么会梦到佳人呢。"

宾梅当即哈哈大笑，赞她锦心绣口，又说蕅卿能得此佳人实属三生有幸。

故友相逢，言谈甚欢，那一晚宾梅就在草堂夜宿。次日晨起，他恍惚回忆起夜间一个很奇怪的梦境，又似乎与蕅卿有关，便说与他们夫妇听。

日光中，尘埃在细细地飞舞，连帘帷都静静垂在一侧，与蕅卿夫妇一起聆听。

宾梅说他三更时分听到喧哗之声，起来一看，见邻家火光熊熊，原来是走水了，便赶紧跑过去帮忙。这一路很长似的，等到了门口，火势已经小了，渐渐灭了。这个时候，从天外传来了空灵渺远的声音："要不是有力之人住在此处镇着，今天就会被烧得寸草不生。"话音未落，一僧两道就从天而降。道人之中，一个戴莲花冠，穿刺绣蝙蝠纹的长袍。另一个面容清秀，衣袍则是黄色。那个跟在他们身后的僧人看起来要憨厚迟缓一些。戴莲冠的道人自我介绍，说："我自青城山而来，道号证若。今日前来，是要拜会蒋居士的。"说完，道人就挥舞拂尘，绕着圈子，唱起一首歌。宾梅说："歌很长，我也记不大清楚了，只记得后面几句，是这么说的。"

只回来巧递了云英密信，那裴航痴了心，何时得醒？若不早回头，累我飞升。醒，醒，醒，明日阴晴难信。

唱完，他们就统统不见了。

"我一下子就醒了。"宾梅说。

"我们两个茹素斋戒，已经很多年没有杀生了，算得上是潜心修行，略略觉得有了些道行。这几位大师难道是借着梦要提点我们些什么？"蔼卿说。

裴航与云英。那是唐传奇里的人物。相传裴航曾经路过蓝桥，向一位老妪求水喝。她的孙女云英便倒了一碗递与裴航解渴。云英貌美，裴航想娶她为妻。老妪说你如果能找来月宫中的玉杵给我捣一副长生不老药，我就答应你。裴航四处奔波寻觅，诚心感动了广寒宫中的玉兔，玉兔帮他实现了这个愿望。后来裴航云英结为夫妇，入山而去，化为仙人。

可是，这歌辞又是什么意思呢。云英，是指闺房乐趣吗。是上天示意他们仍然耽于男女最浅层的情爱，而不理解情缘的深意？

那些日子，他和秋芙正在念《陀罗尼忏经》，他们相信，或许是诚心打动了西方天竺国的菩萨，所以化身而来，指点迷津。

可人若活到忘情弃爱的地步，生之意义又在哪里呢。

这一年秋天，蔼卿与朋友夜游月湖，受了风寒。次日又在吴山笙鹤楼聚会，饮了酒更加不胜风寒，回来高烧大病了一场。扶乩吃药，调养了好久才渐渐复原。

次年临近秋试的时候，却又发了背疽和疟疾。再过了几年，又得了一场严重的痢疾，差点送了命。这六年中，都是秋芙不辞劳苦，躬亲侍候。她身子也不好，所以他大病三场，她也一同病了三场。秋芙憔悴支离，他于心不忍。他很想在病情好转之后，在华鄠河边盖一幢房子居住，正好城墙脚下还有祖上留下的几亩薄田，也可以用来耕种。那时，清晨击钟，薄暮颂梵，忏除慧业，方见诚心。那样，死后他们或许就有机会去到西方极乐世界，可以在花树下听佛祖讲无生之道，他会向佛祖请求，若有来生，他们仍要结为夫妻。不，来生还不够，他们不仅要来生来世，还要三生三世，更要生生世世。

他算了算，明天是佛祖诞辰，他会在佛前以此为誓，佛祖一定听得到。

良夜永 >>>

天色逐渐暗沉，这个城市的夜晚又将到来。

一个暗蓝色的世界被大大小小长长短短曲曲折折的光所占据。因为光的暖，更显出建筑的凉。人在入夜前最后的一线暮色中行走，你我不相识，只是走过相同的道路，经过相同的站台，搭上相同的公车。这是失语的城市。语言在这里变得无关紧要。

你或许也曾假想过千百年以前的夜晚，自己是大唐西市上打马而过的异乡客，高丽的商人抛出一卷卷华丽的布匹，波斯的剑客们用夜光杯喝葡萄美酒，胡姬在繁复番邦花饰装点的楼台上跳着洋洋洒洒的柘枝舞，花灯闪耀，宝马香车。

亦或是在宋人的庭院里听到一个和晓风残月有关的词牌，在回廊的转角处借着琉璃灯的火光看到双鬟侍女描着折枝花的裙脚，三更时随窈窕娘子送青衫官人进京赶考，残月如钩，马嘶阵阵，和泪相辞。

又许是置身在晚清的紫禁城里，徐徐落下的斜阳照着空空荡荡的广场，重重宫门次第阖上，四面红墙没于夜色，宫禁更梆长流永巷，那些贵人也好，妃嫔也好，翘首以待，望承恩露，却多是沦为“有不见者，三十六年”一个又一个新鲜的代号。

古时候的夜晚到底是什么样子的呢。

答案有太多种。但我确定，蔼卿他们的夜晚是最普通，最多人在过的那种夜晚。因为这样，所以觉出亲昵之意，而讨人喜欢，如同推开阁楼的窗子就闻到了邻家晚饭的香气，还有做晚饭时所烧的那些柴草的烟火气。

吃了饭，掌上灯火，秋芙在书房里画牡丹。

她眼睛不好，蔼卿另外举了一盏灯火为她照明。朱砂里揉进一点白垩，手腕柔转，即是一瓣国色，再以少许花青混上墨汁，层层罩染，便是绿叶千重。

以前秋芙就喜欢画牡丹，不过下笔谨慎。后来和杨先生学画，心思有技巧作为辅助，笔下就能活色生香了。那些年，家中时有来客，杨渚白、钱文涛、费子苕、严文樵、焦仲梅等等都是草堂的座上宾，大家一起写诗作画，评花论叶，通宵达旦，从朝至夕，十分惬意。

秋芙搁下笔，问他：“你知不知道我为什么喜欢牡丹花。”

蔼卿说：“唯有牡丹真国色，花开时节动京城。大概是因为它端庄华贵吧。”

秋芙摇摇头，说：“你大概忘了吧。”

蔼卿不解。

“我们小时候，是在巢园，牡丹花开的宴会上定亲的。”

蔼卿一时恍然大悟，与她相看良久，只微笑不言。

他轻轻从后面抱住她，她的身上有墨与薰香纸的气味。

窗外的南斗星很明亮。花阶水洼旁，青色的鸟在啄饮黄昏时的残雨。

人间这样温柔的夜，如何舍得安眠。

有一晚，他在钱塘江的一条小船上。那是在去往曹娥江办事的途中。本来是打算更改行程的，因为秋芙入秋时招了风寒，他不放心。可是行礼都已经提前发出，已经来不及了。

秋芙说自己无碍，坚持送他出门。

晚渡钱江，飓风大作，隔岸越山，皆低鬟敛眉，郁郁作相对状，因忆子安《滕王阁序》云："天高地迥，觉宇宙之无穷，兴尽悲来，识盈虚之有数。"殊觉此身茫茫，不知当置何所。明河在天，残灯荧荧，酒醒已五更时矣。欲呼添衣，而罗帐垂垂，四无人应，开眼视之，始知此身犹卧舟中也。

夜船饮酒月茫茫，醒来空罗帐。

他大概是像往日一样喊秋芙的名字，让她预备更衣，半晌，却只有枕上汩汩的江涛越过船板，在答应他的召唤。

夕阳红半楼上的断琴往事，他觉出谶意，其实有些敏感了。倒是这里，反反复复读来，总叫人有怅惘之感。五更的晓色宛如琉璃，南方的天空透出一点点青白。星星也还有，江水仍在流，但这渺渺茫茫之中只有他一人。说是浮在江面上，其实更像是浮在苍莽天地之间。说是扁舟，其实更像是一枚竹叶。婉转飘零，只在长风。

梦中呼唤时，脑海中秋芙的影子仍然在眼前挥之不去，却近乎透明。和山，和水，和这个不知道属于白昼还是黑夜的暧昧时辰叠印在一起。

她像是台上的伶人，莲步飘摇之间，向他抛出一截长长的水袖，如同流泻的月光。接着，就消失在罗帷后，如云烟挥散一样，再不可见。

那一刻的秋芙到底在做什么呢。是抚琴，弹《阳关》之类送别的曲子，还是画画，画折柳赠郎的美人。都没有，她只是看着逐渐明朗的晨色，静静地写下了一阕《洞仙歌》。

自君别后，便藕花红槁。露坠莲房尽丁倒。

况半阴不雨、渐短秋天，料此际、晚饭柁楼应早。

罗纬才病起，未寄棉衣，昨夜君边可寒到。

时节又重阳，斗酒双萸，盼乌榜、归来正好。

怕明日、关山雪霜多，便欲寄音书、雁鱼都少。

夜是一天中最华丽狡黠的时段，也是最容易让人想到爱情的。不然，那些乐府里的女子为什么想起情郎的时候都喜欢用《子夜四时歌》这样的题目。

白天太明亮，拂晓和黄昏看得清又看不清，总是昏昏沉沉，患得患失。只有夜，收去了目光和视野，让人流于一种暗之遐想。闭上眼睛，空谧之中，想起爱人静好的脸庞。

久别相思成灾，终于等到君归来。他刚刚到家的夜晚，他们不忍睡去，在睡前轻声聊天，谈论古今各色人物。

一时说到元稹。秋芙说：“此人的诗大多没有水平，倒是悼亡的那三首，读来让人动容。”蔼卿笑道：“宋之问为了夺取刘希夷的诗作用尽了手段，他元稹未必不会这样做。要不这个小人哪里能作出这么好这么深情的句子。”这不算冤枉元稹，一个负尽天下红颜的男人写出那样的诗句确实让人匪夷所思。更何况被始乱终弃的女子中不乏才华出众重情重义之辈。像是崔莺莺，像是刘采春，像是薛涛。

这样的夜晚，他们不谈弄玉萧史，不谈孟光梁鸿，却谈到悼亡诗。

又一个深秋之夜，他听到了隐约的虫唱。

秋天的到来一向如此。先是暑气消散，再是晨起时会看到草叶尖上凝结着白露，然后月亮的颜色也澄净了，山也远了，寺庙里传来了余音如水纹的钟声。万木萧萧下，在落叶呼吸的大背景里，听到秋虫带着怨艾逐渐微弱的歌声。

蔼卿一时想到了《九辩》和《九歌》，不自觉地吟出声来。秋芙在内间更衣，听到了这些诗文，不由自主地停下了手，在屏风后伫立良久。月光把她静静的身影勾勒出来，衣料窸窣之声渐止，蔼卿叫她：“怎么了？”

她握着一把青丝轻轻走出来，月白色的睡衣被门外涌入的一股清凉的风吹出层层縠纹。她的眉梢眼角带着泪意。“没什么，只是听到了一句‘悲莫悲兮生别离’，觉得有些伤感罢了。”

蔼卿接过她手中的那柄桃木烙花梳子，让她坐在堂前，迎着月色为她梳理。劝解说：“人生在世，姻缘离合是没有定数的。

我们虽身在红尘，但早已诚心皈依三宝。死后到了九莲台，也断然不会分开。所以，何必为这样的一句别离诗伤怀。”

秋芙仰起脸，像那一年在牡丹盛开的巢园里奔跑的女童一样，稚声稚气地问：“是吗？”

蔼卿点点头，用温热的手指帮她拭去泪水。

温热的泪水留在指尖的感觉，他永远不会忘记。

星移斗转，春去秋来，又到入梅时节。他们晚来沐浴之后，就以贺铸《青玉案》中的一句“梅子黄时雨”为题，联起句来。

蔼卿起了头：“云漏斜阳，放帘额半晴，旋又吹黑。”

秋芙接：“听两点三声，屋檐馀滴。”

“半堕杨花吹又起，东风摇曳如怜惜。”

“任蛛丝、空际噀珠，欲网无力。”

“凄绝。西园陈迹。”

“有阴苔凑绿，新韭肥碧。”

“念翦烛西窗，晤言何日。”

“满院烟芜催暝早，隔灯听响荒街屐。”

“思今夕。万一故人来得。”

次第对答，你吟我唱。潮湿幽微的初夏之夜被绿沈色的词意浸泡，逐渐清凉下来。秋芙梳着回心髻的侧颜在摇曳的灯火中如同鹅脂般细腻。

二十四史一向对鬼神之说比较避讳，但是《隋书》中提到了韩擒虎死后化为阎罗王的传说。睡前无事，蔼卿和秋芙颇有兴致地谈论这个人。蔼卿说：“他生前是上柱国，死后是阎罗王，也算很幸运了。”秋芙灵波一转，摇起纨扇，说：“他倒也罢了。可是张丽华怎么办呢。生前就是死在他的刀下，死后也没有地方可以哭诉，岂不是很惨？”

蔼卿在枕上转过身来凝视着她，这个敏慧冲怀的女子，看人看事总是有和别人不一样的地方，另辟蹊径，独树一帜。

不久前的春夜也是如此，春露湿凉，杏枝落下花瓣沾满窗纸。他们聊起《述异志》。里面有个故事，说龙在深渊中睡觉，下巴底下的一颗明珠被虞人偷走了，龙醒来时不见了珠子，伤心而亡。蔼卿说：“这真是一条痴情的龙。”秋芙又另有高见。“这就是龙的不是了。既然有珠就应该好好保护它。你看蚌，体内育珠，就把自己合得紧紧的，从来不让别人有可乘之机。这龙没保护好珠子，那就应该呼风唤雨，在江湖上和那个虞人厮杀一番，把珠抢回来。他倒好，不仅让珠子流落在外，自己也以身殉珠，这算是痴情么？”

蔼卿听得痴了，心中默默赞她为奇才。

可是若你是我的珠，会有流浪的一天吗。

人常说，生同寝，死同穴。说的是相爱之人情比金坚。但人生中成千上万的夜晚，又有多少能得她在身边。

或者，如果他早早知道最终无法达成共白头的心愿，那么这些良夜，大概就永不阖眼，为着贪恋，贪恋多看一刻她暖暖的睡颜。

余欢 >>>

人这一生，譬如烟火。

化为锦灰之前，总会有高高在上，欢喜盛开的一刻。之后，就隐于夜色，纵然那废墟细砂尚有余温，却也已是温存的旧梦。

或者，也像一首诗。

淡淡地开了首联，说阳春天的风，说新荷池的水。款款地道了颔联，说那听风的黄莺，说那逐水的花。结束之前，总会有一联扬起声调，说那风里水上遇见了谁，两下里俱是多情眉眼，心存眷恋。最后才是尘烟散去，日暮云间，不过是一枕残梦，惘然无边。

夜如此长，总有昙花一现。

如同这一夜，蔼卿归来之时，见秋芙和女眷姊妹们在灯下掷骰子玩。

他把斗篷披在木衣架上，过来观看，说："今日兴致这样好。"

秋芙的小妹佩琪听廊下呼呼的秋风吹过，问道："姐夫，外面是不是又冷了。"

"路上露水很浓，布鞋都湿了。"

秋芙的二妹侣琼轻轻地用胳膊肘杵了杵秋芙，顾盼神飞，说：“姐姐擅长刺绣，姐夫还怕没有鞋子可穿么。”

众人皆掩面而笑。秋芙身为长姐，在她们面前总是要端庄一点，笑容温润柔和，又对蔼卿说：“灶上留了残火，给你温了银耳羹。”

蔼卿盛了来，一面食羹，一面观看她们游戏。

忽然有一位女子投掷了一个六幺，众人皆叹。侣琼说：“亏得是自家姊妹们闺阁里头玩儿的把戏，若像爷们似的在外头赌坊里的做派，咱们可就输大了。”

蔼卿见此情景，放下瓷碗调羹，作了一首《卜算子》。

妆阁夜呼卢，钗影阑干背。六个骰儿六个窝，到底都成对。
借问阿谁赢，莫是青溪妹？赚得回头一顾无，试报说金钮坠。

灯火暖煦，众人香绮，都沉浸在温艳的词意之中。秋芙却笑他：“做这样的靡靡之句，大概是讨刘方平来打你了吧。”

众人自然又是一番谈笑风生。看这样的场景，总觉得又是在红楼的梦里，宝玉和姊妹们一起群芳夜宴，限韵赋诗，拈阄行令，喝醉了，玩累了，就渐次伏倒，和衣睡去，没有猥亵和情色，只是握瑾怀瑜的赤洁。

后来，佩琪掷得倦了，便同蔼卿在一边的矮几上下棋。秋芙手执一盏烛火两边观看。

佩琪生性安静，气质脱俗，颇通诗画，棋艺也十分了得。蔼卿对秋芙说：“佩琪还未到及笄之年，却比那些修炼了几十年的人还淡定。”

“那是自然的，她小时候做了梦，告诉我，她是从上清宫来的人。”秋芙说。

佩琪淡淡微笑之中，已经让蔼卿连输三盘。

蔼卿笑着说：“看来我是时候学你姐姐那一招了？”

佩琪不解，秋芙猜出来了，拦着不让他说。

“你和我分享了佩琪的梦境，我也很应该礼尚往来，说些我们的故事给他听啊。”蔼卿娓娓道来。

那是他和秋芙一次下棋的经历。

秋芙本不擅棋道，但又有棋瘾，总是拉他下棋，一下就下到天明。

朱彝尊有过一首《鹊桥仙》，里面说——簸钱斗草已都输，问持底今宵偿我。蔼卿就以这一句来调侃她。秋芙气不过，说：“我哪里这么快就输了。喏，这里有我玉虎佩一只，拿它作赌注好了。”

几十个子过去了，秋芙的棋明显呈颓势。她就故意让膝盖上的小狗蹿到棋盘上拨乱棋子。

蔼卿大笑。“你这是像玉奴一样撒娇吧。”

秋芙不作声，鬓边却早已飞遍红霞。

佩琪听了，说：“有朝一日，姐夫应该把和姐姐这些闺房里的趣致记录下来。后世的夫妻看了，不知道会有多羡慕。”

秋芙说：“他哪里能耐得住性子等到有朝一日。早就写下了。”

就是这一卷《秋灯琐忆》。

它是琐，琐得像日光里粼粼闪耀的金粉，琐得像朱阁绮户的雕花窗子。可是，琐出了人情味，琐成了人间烟火熏染出来的秋水天。

它琐得有温度，不凉，也不烫，是温，是把手指放进白瓷水盂，那最舒适的触感。

先前的三个故事详细地记录了笔者和爱人所受的坎坷，以及人间最后一刻的别离，纵然悲欢相映，跌宕起伏，可读来不免垂泪伤心。且忆语两篇纵然深情，细节处总显轻薄，不及蔼卿待她丝丝入扣。

《秋灯琐忆》里没有太多的苦痛。蔼卿写南方来的春风，北方来的雁子，天上的星星，地上的归人，一时一刻都是暖如温泉水。读到秋芙大病，我很怕它像《浮生六记》那样一直写到死亡前最悲苦的一刻，却谁知只有寥寥两段一笔带过。不难理解，这软红十丈，艰难困苦已经如此繁多，与其补一句易碎彩云的伤悲，何不添一句醉里相媚的快乐。

四两拨千斤，苦痛虽不着一字，但他轻轻说一句“手中梧桐花，真的很难放下”却尽得凄艳。他们向往西方空明世界，可若果真可以来世再相遇，那么升仙也好成佛也好，又何须执着呢。她带着深深眷意的，她始终放不下的终究还是她这一生，还是他这一人。

留白无边，成了爱情天高地厚信马由缰的广域，亦如聂鲁达的那一句——你从所有的事物中浮现，充满了我的灵魂。

秋芙大病之时，蔼卿和侣琼二人轮流服侍。有时蔼卿出门买药，刚刚回来，秋芙就让侣琼传他到床头。他来了，她又只是看着他不说话。

侣琼私下解释给他听："姐姐说她命如一线，你在床头，她若一时离去也就瞑目安心了。只是叫她仓皇之中和你说离别的遗言，她又万万不能。"

前人据《蒋蔼卿小传》的记载和其他文献的考证，推算出秋芙约病死于咸丰四五年间。

到了辛酉年，太平军的马蹄踏入杭州城，蔼卿逃至慈溪避难，后来又辗转回到故乡。兵荒马乱，故园面目全非，饥寒交迫之中，蔼卿亦溘然长逝。

但死亡对于他这样至情至爱的人来说，或者也是一种解脱。他可以追随秋芙西飞的兰步踪履，与她同往婆娑极乐，得偿生前瑰丽的夙愿。

在慈溪的那些岁月，他时常想起多年前和秋芙，和朋友们纵情嬉游的往事。

像是一年冬天，县令伊先生北上，他和诸好友为他践行。酒毕，李山樵弹琴，吴康甫写起书法，吴乙杉、杨渚白、钱文涛几位在四面墙上绘制壁画，施庭午、田望南、家宾梅他们就在地板上划拳猜谜，剩下的人或者拈韵赋诗，或者清谈茗茶。到了夜里，风清月朗，不过一会，羊灯重点，大家又接着先前的酒兴继续童音。三巡一过，再唤上酒却无人答应了。秋芙悄悄来说："坛坛罐罐都拿出来喝了，床头的几吊钱也不够再买，我把玉钏拿去换酒，酒家不认得，拿去当铺典当了。当铺太远，所以还没回来，在等呢。”

醉意之中，他握住她的手，说：“这可不是‘泥他沽酒拔金钗’了么。”

其实出入当铺他们早已习惯。夏日葛衣，冬日貂裘，一边典一边赎，衣柜常年空空荡荡。他写过一首自嘲的：“一寒至此怜张禄，再拥无由惜谢眈。箧为频搜卿有意，裈犹可挂我何惭。”这些年生活清贫拮据，他又仕途不济，她是他唯一的财富。

在他迷蒙的醉眼里，秋芙笑靥如花。

那次是多年以来的文酒之欢中最愉快盛大的一次。虽然酒尽灯枯，可大家写了那么多的诗可以编撰成册，便是他们这些如沼边繁花般醉生梦死的文人最宽的慰藉。

此后，朋友们纷纷没入五湖四海，如萍聚云散，八面飘零，各自在天涯。

他与秋芙“亦以尘事相羁，不能屡为山泽游矣”。

推开窗子，眼前是慈溪深秋的夜色。而往年，这样寂静的夜，他和秋芙是要在巢园的阁楼里度过的。那时，一弯斜月盈盈挂在天际。山遥水远，可正因遥远而显得一望无垠。在补梅亭上，他们烹茶夜谈，赏花观月。

秋芙折下一枝早梅簪在鬓边，却又无意被斜伸出来的花枝弹落。他便重新为她摘取一朵，算是应了补梅亭的“补”字。

词里说“玉人和月摘梅花”。梅花处处都有，年年都开，美人却已玉碎，就连如今的补梅亭也已经在战火连天中倾塌不复。往年霜降一过就会持霜早开的花成了花魂，成了空寂。

只有月亮。只有月亮还会在那断井颓垣之间逡巡游荡吧。

秋芙在世时，和好友沈湘涛探讨诗文与人生，作过一首《金缕曲》。

梦想今三载。忽传来、芙蓉笺纸，新词十赉。一样红颜漂泊感，盐米光阴无奈。好珍重、玉台诗派。明月绛纱春风里，看金钗、尽下门生拜。浮大白，为君快。

相逢各有因缘在。算人生、才能妨命，病愁何怪。只惜聪明长自误，身世漂流文海。况愁里、朱颜易改。不见花间双蝶舞，但多情、既是升仙碍。知我者，定能解。

人生浮沉这么多年，叹柴米光阴易过，叹如花红颜易改，也叹自己作为女子偏生能诗擅赋，聪明反误，更添了一种无名凄惘。最末一句“知我者，定能解”欲语还休，幽回婉转，不禁叫人黯然神伤，寸断肝肠。

秋芙曾在一个起风的夜晚对蔼卿说：“人这一辈子啊不过百年的光景，睡觉花了近半的时间，又有近半的时间陷于哀愁或病痛，襁褓迟暮再去掉的话，剩下的岁时连十分之一恐怕都没有了。况且像我这样的蒲柳之质，还不知道能不能活到一百岁。人说一个月里，欢娱时光不过四五天，想来就是这个道理吧。”

那一刻，她音犹在耳，他茕茕孑立，始信此语不假。

夜间风雨来袭，雨水在枝叶间散落如珠，很像是周紫芝的《鹧鸪天》的词意——梧桐叶上三更雨，叶叶声声是别离。在枕上欲寐不寐之间，他忽然想到他和秋芙当年一前一后在芭蕉叶上题句的往事，再接着就想起了一首秋芙作的诗。

这首诗的原稿已经丢了十年，而今想起，他赶紧下了床找到纸墨，重新书写下来。

芭蕉叶大近窗楹，枕上秋天不肯明。明日谢家堂下过，入门预想绣鞋声。

十年，一切如同一场梦。

秋芙，字面解来，是秋日的荷花。这让人想象出无边白雾里的一池残荷，荷尽已无擎雨盖，便只好留那枯荷听雨声。

那一次到慈溪，他随身带了两件秋芙的遗物。

一件是秋芙的纨扇，是她和杨渚白等几位好友合画的，画的乃是她最爱的牡丹。牡丹虽国色，人已花下死。他在白日的闲暇光景里拿出来观看，只不胜宾朋零落之感。

另一件是吴黟山先生赠送给秋芙的书尺，传说是乾隆年间，泰山上的古树自燃，钱塘一位高姓的先生捡到没有烧完的碎木，制成书尺。上面刻了一段极好的铭文。

汉已往，柏有神。坚多节，含古春。劫灰未烬兮，芸编是亲。然蓁痹徽兮，焦桐共珍。

蓁痹徽兮，焦桐共珍。

夕阳西下之时，我待你如珍宝，就像对一架静静的焦桐古琴那样。

多好。